Langenscheidt
Praxiswörterbücher

D1703475

Langenscheidt
Schiele & Schön

Praxiswörterbuch
Bekleidung und Mode

Englisch · Deutsch · Französisch
Italienisch · Spanisch

Langenscheidt

Berlin · München · Wien · Zürich · New York

Bibliografische Information Der Deutschen Bibliothek
Die Deutsche Bibliothek verzeichnet diese Publikation in der Deutschen
Nationalbibliografie; detaillierte bibliografische Daten sind im Internet über
http://dnb.ddb.de abrufbar.

*Eingetragene (registrierte) Warenzeichen sowie Gebrauchsmuster und Patente
sind in diesem Wörterbuch nicht ausdrücklich gekennzeichnet. Daraus kann nicht
geschlossen werden, dass die betreffenden Bezeichnungen frei sind oder frei
verwendet werden können.*

ISBN 3-86117-218-6

1. Auflage 2004
© Langenscheidt Fachverlag GmbH München, 2004
gekürzte Ausgabe des Schiele & Schön „Bekleidungswörterbuch" mit
Genehmigung der Fachverlag Schiele & Schön GmbH, Berlin
Printed in Germany
Druck: Druckhaus Langenscheidt, Berlin

Vorwort

Das Praxiswörterbuch „Bekleidung und Mode" umfasst rund 6900 Fachbegriffe in den Sprachen Englisch, Deutsch, Französisch, Italienisch und Spanisch.

Das Wörterbuch mit der Leitsprache Englisch beinhaltet Grundbegriffe der Bekleidung, Wäsche und Mode sowie modischer Accessoires. Aufgenommen wurde der Basiswortschatz sowohl des Modellentwurfs als auch der maschinellen Fertigung in der Schneiderei und Näherei, von den verschiedenen Sticharten bis hin zu Bezeichnungen für Schnittschablonen.

Das Praxiswörterbuch bietet einerseits Berufs- und Fachschülern, andererseits Praktikern für das Berufsfeld der Bekleidungsindustrie, des Handwerks und des Handels die wichtigsten Begriffe aus dem Bereich Mode und Bekleidung in einem handlichen Format.

Das Ziel des Praxiswörterbuches besteht nicht nur darin, den Modeprofis die Arbeit im zwei- oder mehrsprachigen Berufsumfeld zu erleichtern. Bereits der fünfsprachige Aufbau des Hauptteils bietet dem Nutzer Klarheit über die Bedeutung der Begriffe in der jeweiligen Fachsprache. Die Register im Anhang bieten die Möglichkeit, schnell und effizient das gesuchte Wort oder die Wortgruppe nachzuschlagen, ganz gleich welcher Ausgangssprache diese angehören. Auch findet sich im Anhang ein nützliches Adressenverzeichnis deutscher Fachverbände aus der Bekleidungsbranche.

Das Praxiswörterbuch ist eine gekürzte Fassung des anerkannten Standardwerkes „Bekleidungswörterbuch: Deutsch, Englisch, Französisch, Italienisch, Spanisch" von Gerhard Rebmann, erschienen beim Verlag Schiele & Schön, Berlin, 2000.
Besonderer Dank gilt der Redaktion des Langenscheidt Fachverlages für die Betreuung dieses Wörterbuches.

Im Interesse der weiteren Entwicklung dieses Buches bitten wir, Anmerkungen und Hinweise an den Verlag zu richten: Langenscheidt Fachverlag, Postfach 40 11 20, D-80711 München.

Die Verlage

Benutzungshinweise

1. Beispiele für die alphabetische Ordnung

sleeve head
sleeve head dart
sleeve hem
sleeve hem turn-up
sleeve (ironing-)board
sleeveless
sleeveless undershirt
sleeveless vest
sleeve placket slit of shirt
steaming
steaming dummy
steam iron
steam ironing dummy

2. Beispiele für die alphabetische Ordnung im Register

antailliert 1055	addition *f* (en largueur) 5
antailliert 1056	(à) demi-manche 540
Anzug 1239	à deux fils 359
Anzug/zweireihiger 342	à deux-pièces 1365
Anzuggröße 1242	à deux rangées 338
Anzughose 1243	à double face 348
Apparat 322	à double œillet 1362
Apparat 34	aiguille *f* 776
Applikationsnaht 19	aiguille *f* à barbe 79
Applikationsstich 20	aiguille *f* à coudre 1068
Après-Ski-Kleidung 21	ajustement *m* sans faux plis 1472
Armblatt 1373	ajustement *m* sans faux plis 272
Armblatt 368	à (la) demi-taille 1055

3. Bedeutung der Zeichen

/	Abstich/spitzer = spitzer Abstich
[ ]	baby articles [requisites] = baby articles *oder* baby requisites
( )	(suit) coat with one button = coat with one button *oder* suit coat with one button
( )	Kursive Klammern enthalten Erklärungen.

Mehrere Übersetzungen innerhalb einer Sprache werden durch Semikolon getrennt und sind durch Einrückung von der nächstfolgenden Sprache abgehoben.

4. Abkürzungen

	English	Deutsch	Français	Italiano	Español
AE	America-nism	amerikanisches Englisch	américa-nisme	americano	america-nismo
allg/gen	general	allgemein	général	in generale	en general
ant/obs	obsolete	veraltet	obsolète	antiquato	obsoleto
co/coll/Koll	collective noun	Kollektivum	terme collectif	termine collettivo	término colectivo
f		Femininum	féminin	femminile	feminino
ist/hist	historical	historisch	historique	istorico	histórico
m		Maskulinum	masculin	maschile	masculino
milit	military terminology	Militär(wesen)	terme militaire	termino militare	término militar
n		Neutrum			
pl	plural	Plural	pluriel	plurale	plural
pref/préf	preferred term	präferenziell	de préfe-rence	preferito	preferido
v	verb	Verb	verbe	verbo	verbo
z. B.		zum Beispiel			

Englisch
Deutsch
Französisch
Italienisch
Spanisch

A

1. above-the-knee look
kniefreie Mode f
mode f s'arrêtant au-dessus des genoux
moda f, che lascia scoperti i ginocchi
moda f con la rodilla descubierta; moda f
de encima de la rodilla

2. accessoires *pl* **of clothing**
Bekleidungszubehör n *(auch Accessoires)*
accessoires *mpl* pour vêtement
accessori *mpl* per abbigliamento
accesorios *mpl* de vestir

3. accessories *pl*
Accessoires *pl*
accessoires *mpl*
accessori *mpl*
accesorios *mpl*

4. accordion pleats *pl*
Bahnenplissee n *(akkordeonartig mit Parallelfalten)*
plissé m accordéon
plissé m fisarmonica
plisado m de fuelle

5. addition (in the width)
Lockerungsbeträge *mpl (Addition über die Körpermaße oder Tabellenwerte hinaus, die eine Überweite ergeben)*
addition f (en largueur)
addizione f (in larghezza)
adición f (en anchura)

6. addition to the sleeve width
Ärmelmehrweite f *(zwischen Gesamtlänge der Armlochnaht und dem effektiven Umfang des Armloches)*
embu m de la manche
aggiunta f della manica
flojo m de la manga

7. adjustable sleeve tab
verstellbare Ärmelspange f
patte f de manche de réglage *(préf)*;
patte f de manche ajustable
alamaro m di manica regolabile *(fermaglio)*
ceñidor m de manga ajustable

8. adjustable waist tab for backsides
Rückenspange f
tirant m de réglage (à l'arrière)

tirante m di regolazione della vita addietro
ajustador m de espalda

9. ageing *(AE)*
Dampfbehandlung f
traitement m à vapeur
trattamento m con vapore
tratamiento m con vapor

10. air stitch
Luftstich m
point m dans le vide
punto m per aria
puntada f en vacío

11. A-line
A-Linie f *(schmale Schulter, zum Saum hin glockig ausschwingend)*
ligne f en A
linea f in (forma di) A
línea f (en forma de) A

12. allowance *(seam or hem allowance)*
Einschlag m *(Nahteinschlag oder Saumeinschlag)*
repli m *(de la couture ou du bas)*
ripiega f *(della cucitura o del fondo)*
margen m de costura; dobladillo m

13. alteration (of clothing)
Änderung f (an Kleidern)
modification f (du vêtement)
modifica f al vestito; modificazione f (del vestito)
modificación f; arreglo m

14. anchored pants *pl*
Steghose f *(mit gummiverstürztem Stofffußsteg)*
pantalon m à sous-pied
pantaloni *mpl* a staffa
pantalón m con cinta bajopie

15. angle stitch
Winkelstich m
point m à angles
punto m angolare
puntada f angular

16. antislip lining
rutschfestes Futter n
doublure f antiglissante
fodera f antidrucciolevole
forro m antideslizante

17. apparel *(AE) (coll)*
Kleidung *f (jedes Teil, das den Körper bedeckt) (Koll)*
habit *m (ensemble des pièces constituant une tenue particulière) (coll)*
vestito *m (coll)*
vestuario *m (col)*; vestimenta *f (col)*; ropa *f (col)*

18. appliqué lace
Spitze *f*/aufgesetzte dentelle *f* montée
pizzo *m* applicato
puntilla *f* aplicada

19. appliqué seam
Applikationsnaht *f*
couture *f* d'applique
cucitura *f* d'applicazione
costura *f* de aplicación

20. appliqué stitch
Applikationsstich *m*
point *m* d'application
punto *m* d'applicazione
puntada *f* de aplicación

21. après-ski dress
Après-Ski-Kleidung *f*
après-ski *m*
vestiario *m* da doposci
ropa *f* après-ski

22. apron
Schürze *f*
tablier *m*
grembiule *m*
delantal *m*

23. apron with straps
Trägerschürze *f*
tablier *m* à bretelles
grembiule *m* con bretelle
delantal *m* con tirantes

24. arched seam
Bogennaht *f*
couture *f* arquée ou en arc
cucitura *f* arcuata
costura *f* curva; costura *f* arqueada

25. armhole
Armloch *n (Ausholung zum Einnähen des Ärmels)*
emmanchure *f*
giromanica *f*
sisa *f*

26. armhole reinforcement
Armlochverstärkung *f*
renfort *m* d'emmanchure
rinforzo *m* alla giromanica
refuerzo *m* de sisa

27. armhole stay tape
Armloch-Eckenband *n*
extra-fort *m* d'emmanchure
diritto *m* filo giromanica
ligueta *f* de sisa

28. armhole trimming seam
Armlochversäuberung *f*
couture *f* de propreté de l'emmanchure *(couture de surjet)*
cucitura *f* per terminare l'attaccatura della manica
costura *f* de terminación de sisa

29. arm slit *(false pocket)*
Durchgrifftasche *f (keine echte Tasche)*
passe-bras *m (poche fausse)*
tasca *f* passamento *(attraverso di una cappa)*
abertura *f* paso de mano

30. arrange *v* **in layers**
aufschichten *v*
empiler *v* par couches
accatastare *v*; impilare *v*
apilar *v*

31. arrowhead stitch
Dreieckstich *m*
point *m* triangle
punto *m* triangolare
puntada *f* triangular

32. assembly seam
Verbindungsnaht *f (auch Schließnaht genannt)*
couture *f* d'assemblage
cucitura *f* d'assemblaggio
costura *f* de unión

33. attached collar
fester Kragen *m*
col *m* fixé *(à l'encolure)*
colletto *m* fisso
cuello *m* fijo

34. attachement
Apparat *m*
appareil *m (assemblage de pièces mécaniques se fixant sur la machine)*
apparecchio *m*
aparato *m*

35. attachement *(to make a sewing machine more specialized)*
Nähapparat *m*
accessoire *m* à coudre *(remplissant une fonction donnée en cours de couture)*; accessoire *m (pièce ou mécanisme auxiliaire sur la machine à coudre pour la rendre plus spécialisée)*
accessorio *m (di una macchina)* per cucire; apparecchio *m* per cucire
accesorio *m (de una máquina de coser)*; aparato *m* para la costura

36. automatic needle positioner
automatischer Nadelpositionierer *m*
positionneur *m* automatique de l'aiguille
posizionatore *m* automatico dell'ago
posicionador *m* automático de la aguja

37. automatic sewing station
automatische Nähstation *f*
station *f* automatique à coudre
stazione *f* automatica di cucitura
estación *f* de costura automática

B

38. baby articles *pl* [**requisites** *pl*] *(coll)*
Babyartikel *mpl (Koll)*
articles *mpl* premier âge *(coll)*
articoli *mpl* per neonato *(coll)*
artículos *mpl* para bebés *(coll)*

39. baby's equipment *(coll)*
Säuglingsausstattung *f (Koll)*
vêtement *m* pour bébés *(coll)*
corredino *m* per neonati *(coll)*
prendas *fpl* para bebé *(col)*; canastilla *f (col)*; ajuar *m* de bebé *(coll)*

40. back *(of a garment)*
Rücken *m (hintere Schnittteile eines Kleidungsstückes)*
dos *m (d'un vêtement)*
dietro *m (di vestito)*
espalda *f (de una prenda)*

41. back armhole
Rückenarmloch *n*
emmanchure *f* (de) dos
giromanica *f* dietro
sisa *f* espalda

42. back armhole seam
Rückenarmlochnaht *f*; Hinterärmel-Einsatznaht *f*
couture *f* d'emmanchure (de) dos
cucitura *f* esterna giro sottomanica; cucitura *f* di giromanica dietro
costura *f* de la sisa de la manga bajera; costura *f* de sisa espalda

43. back belt
Rückengürtel *m*
martingale *f (formée d'une patte ou d'un ensemble de deux pattes)*
martingala *f*
martingala *f*; trabilla *f* de espalda

44. back button
Gegenknopf *m*
contre-bouton *m*
controbottone *m*
contrabotón *m*

45. backless
rückenfrei
décolleté dans le dos
scollato (sul) dietro
de espalda desnuda

46. back neck seam
Kragenansatznaht *f*
couture *f* du dos de col
cucitura *f* di dietro del colletto
costura *f* del cuello inferior

47. back panel
Rückenteil *n*
pièce *f* de dos; panneau *m* de dos
pannello *m* (di) dietro *(destro o sinistro)*
espalda *f*

48. back pocket
hintere Tasche *f*
poche *f* arrière; poche-revolver *f*
tasca *f* posteriore
bolsillo *m* trasero; bolsillo *m* de fondo

49. back seam closure
Hinternahtschließen *n*
jointure *f* arrière d'une couture
chiusura *f* della cucitura di dietro
costura *f* de cierre del fondo

50. back shoulder seam
Rückenschulternaht *f*
couture *f* d'épaule (de) dos
cucitura *f* spalla dietro
costura *f* de hombro espalda

51. back sleeve seam
Hinterarmnaht *f*
couture *f* de coude
cucitura *f* posteriore della manica
costura *f* posterior de la manga; costura *f* de codo

52. backstitched seam
Rückwärtsnaht *f*
couture *f* par points arrières *(le résultat)*
cucitura *f* all'indietro *(l'effetto)*
costura *f* para atrás

53. back-strapping of (front) edge
Kantenverstärkung *f (an der vorderen Kante)*
renforcement *m* du bord (de devant)
rinforzo *m* del bordo (di davanti)
refuerzo *m* del canto *(delantero)*

54. back-waist length *(from the 7th cervical vertebra to waist level)*
Rückenlänge *f (vom 7. Halswirbel bis zur Taille)*
longueur *f* taille dos *(de la 7ème cervicale jusqu'à la taille)*
lunghezza *f* della schiena *(dalla settima vertebra cervicale fino alla vita)*
largo *m* de talle centro espalda

55. backward seam
Rückwärtsnaht *f*
couture *f* par points arrières *(le résultat)*
cucitura *f* all'indietro *(l'effetto)*
costura *f* para atrás

56. back yoke
Rückenpasse *f* oder Rückensattel *m*
empiècement *m* de dos
sprone *m* (del) dietro
canesú *m* de espalda

57. bag-sleeve *(half-length)*
Bauschärmel *m (nicht allzu kurz)*
manche *f* bouffante *(pas très courte)*
manica *f* a sbuffo *(non troppo corta)*
manga *f* balón *(no muy corta)*

58. balloon stitch
Ballonstich *n*
point *m* de ballon
punto *m* di ballone
puntada *f* baloon

59. bar
Riegel *m (zum Befestigen oder Stabilisieren)*
bride *f* d'arrêt; bridon *m* d'arrêt
travetta *f (per rinforzare i bordi delle pieghettature, delle tasche e delle asole)*
presilla *f*

60. bar length
Riegellänge *f*
longueur *f* de la bride d'arrêt
lunghezza *f* della travetta
largo *m* de la presilla

61. barrel cuff
Einfachmanschette *f*
poignet *m* droit *(non replié)*
polsino *m* semplice
puño *m* simple *(no vuelto)*; puño *m* derecho

62. barring seam *(pref)*
Riegelnaht *f*
couture *f* d'arrêt *(le résultat)*
cucitura *f* di travetta
costura *f* de presilla

63. barring stitch
Riegelnahtstich *m*
point *m* d'arrêt
punto *m* di travetta
puntada *f* de remate; puntada *f* de cierre

64. bar stitching [tacking]
Verriegeln *n (von Schlitzen, Tascheneingriffen)*
arrêt *m (à renforcer un assemblage ou une fente)*
travettatura *f (per rinforzare i bordi delle pieghettature, delle tasche o delle asole)*
presillado *m*; rematado *m*

65. bartack
Riegel *m (zum Befestigen oder Stabilisieren)*
bride *f* d'arrêt; bridon *m* d'arrêt
travetta *f (per rinforzare i bordi delle pieghettature, delle tasche e delle asole)*
presilla *f*

66. bartack length
Riegellänge *f*
longueur *f* de la bride d'arrêt
lunghezza *f* della travetta
largo *m* de la presilla

67. base of neck side to bust *(only by ladies' garment)*
Halsansatz *m* vom Schulter- bis zum Brustpunkt *(nur bei Damenoberbekleidung)*

point *m* d'encolure épaule-mamelon
(seulement pour des vêtements de femme)
attaccatura *f* del collo spalla alla mammella
altura *f* de los senos

68. base of neck side to waist level
Halsansatz *m* von Schulter bis Taille
point *m* d'encolure épaule-taille
attaccatura *f* del collo alla spalla-vita
largo *m* anterior de talle

69. bassoon stitch
Fagotstich *m*
point *m* basson
punto *m* di fagotto
puntada *f* fagot

70. basting
Heften *n (provisorisches Zusammennähen mehrerer Stoffteile)*
bâtissage *m*; faufilage *m*
imbastitura *f*
hilvanado *m*

71. basting seam
Heftnaht *f*
couture *f* de faufilage; faufilure *f*
imbastitura *f*
costura *f* de hilván; hilván *m*

72. basting stitch
Heftstich *m*
point *m* de bâtissage
punto *m* d'imbastitura
puntada *f* de hilván

73. basting thread
Heftfaden *m*
faufil *m*; fil *m* de bâti
filo *m* per imbastitura
hilo *m* de hilvanar

74. bateau neckline
Bateau-Ausschnitt *m*; schiffförmiger Ausschnitt *m*
encolure *f* bateau *(horizontale, s'effilant en points)*
scollatura *f* navicolare
escote *m* barco

75. batwing sleeve
Schmetterlingsärmel *m*
manche *f* papillon
manica *f* a farfalla
manga *f* mariposa

76. beachwear
Strandbekleidung *f*
vêtement *m* de plage
vestito *m* da spiaggia
ropa *f* de playa

77. beaded braid
Perlborte *f*
tresse *f* à perles
treccia *f* a perle
galón *m* con perlas

78. beaded tongue
Überfalllasche *f (über die Lasche überfallend)*
languette *f* revers
linguetta *f* portalucchetto
lengüeta *f* de cartera

79. beard needle
Bartnadel *f*
aiguille *f* à barbe
ago *m* a barba; ago *m* con uncino *(maglia)*
aguja *f* con rebarba

80. behaviour to dimensional changes
Dimensionsänderungsverhalten *n*
comportement *m* à la variation dimensionnelle
comportamento *m* alla deformazione dimensionale
comportamiento *m* a la deformación dimensional

81. bellow(s) pocket
Blasebalgtasche *f*
poche-soufflet *f*
tasca *f* a mantice
bolsillo *m* de fuelle

82. belt
Gürtel *m*
ceinture *f (bande d'étoffe ou de cuir, servant à maintenir un vêtement)*
cintura *f (per stringere alla vita pantaloni, gonne e abiti)*
cinturón *m*

83. belt backing ribbon
Gürteleinlageband *n*
ruban *m* (rigide) de renfort pour ceintures
nastro *m* di rinforzo per cinture
cinta *f* de refuerzo para cinturón

84. belt buckle
Gürtelschnalle f
boucle f de la ceinture
fibbia f della cintura
hebilla f del cinturón

85. belt eyelet *(pref)*
Gürtelöse f
cran m de la ceinture *(préf)*; œillet m de la ceinture
buco m della cintura *(pref)*; foretto m della cintura
ojete m de cinturón

86. belt keeper, sewn on
angenähte Gürtelschlaufe f
passant m fixé de la ceinture
passante m fissato della cintura
puente m de cinturón fijado

87. belt loop
Gürtelschlaufe f
passant m de la ceinture
passante m della cintura
pasador m del cinturón

88. between-season wear *(coll)*
Übergangsbekleidung f *(Koll)*
vêtement m (de) demi-saison *(coll)*
vestiti mpl (di) mezza stagione *(coll)*
ropa f de media estación *(col)*

89. bias binding
Schrägband n *(aus Futter- oder Einlagestoff mit durch Schrägschnitt hervorgerufener Elastizität)*
biais m *(servant à recouvrir le bord d'une pièce)*
striscia f (tagliata) di sbieco
cinta f al biés

90. bias cut facing
Besatz m/schräg geschnittener
parementure f coupée en biais
paramontura f tagliata di sbieco
vista f cortada al biés

91. bib
Latz m *(Brustlatz)*
bavette f *(partie du tablier ou de la salopette, qui remonte sur la poitrine)*
patta f *(dei pantaloni o del grembiule, che risale sul petto)*; pettino m *(pref)*
peto m

92. big fur collar
Pelzschulterkragen m
collet m de fourrure de grandes dimensions
colletto m cappa di pelliccia
cuello m ancho de piel; cuello m chal de piel

93. bight of stitch
Überstich m
surpoint m
sovrapunto m
puntada f transversal

94. bind v the pockets by sewing
Taschen vernähen v
fermer v les poches par couture
chiudere v le tasche per cucitura
cerrar v bolsillos

95. binding
Einfassen n
bordage m
bordatura f *(l'azione)*
ribeteado m

96. binding braid
Einfassborte f *(Applikation von Posament-Besatzband)*
bordé m *(pour le bordage même)*
treccia f per la bordatura
galón m de ribete

97. binding edge
Einfasskante f
lisière f à border; rebord m *(à border)*
bordo m *(per la bordatura)*
canto m a ribetear

98. binding ribbon
Einfassband n *(zum Absichern der Nähgutkante gegen Ausfransen)*
ruban m de bordage
nastro m per la bordatura
cinta f de ribete

99. biretta
Mütze f *(ohne Schirm)*
béret m
berretto m
gorro m

100. bishop sleeve
Bauschärmel m *(nicht allzu kurz)*
manche f bouffante *(pas très courte)*
manica f a sbuffo *(non troppo corta)*
manga f balón *(no muy corta)*

101. blazer
Blazer *m*
blazer *m*
blazer *m*; giacca *f* sportiva *(sfoderata, di tinte chiare)*
blazer *m*

102. blind hem
Blindsaum *m*
ourlet *m* invisible
orlo *m* finto; fondo *m* finto
dobladillo *m* invisible

103. blind lockstitch
Steppblindstich *m*
point *m* noué invisible
punto *m* annodato invisibile
pespunte *m* invisible

104. blind stitch
Blindstich *m*
point *m* invisible
punto *m* invisibile
puntada *f* invisible

105. blindstitch *v*
blindannähen *v*
coudre *v* à point invisible
cucire *v* a punto invisibile
coser *v* a puntada invisible

106. blouse jacket *(blouson)*
Blouson *n*
blouson *m*
giubba *f* sportiva; giubbetto *m*
blusón *m*

107. blouse with collar
Bluse *f* mit Kragen
blouse *f* avec col
camicetta *f* accollata
blusa *f* con cuello

108. blouson
Blouson *n*
blouson *m*
giubba *f* sportiva; giubbetto *m*
blusón *m*

109. boarding
Auf-Form-Ziehen *n*
mise *f* sur forme
formatura *f*
moldeado *m*

110. boat neckline
Bateau-Ausschnitt *m*; schiffförmiger Ausschnitt *m*

encolure *f* bateau *(horizontale, s'effilant en points)*
scollatura *f* navicolare
escote *m* barco

111. bobbin
Spule *f*
bobine *f*; canette *f (recevant le fil infé-rieur)*
bobina *f*; spoletta *f (della macchina per cucire)*; rocchetto *m*
bobina *f*; canilla *f*

112. bodice
Rumpf *m (Schnittteile, die den Oberkör-per direkt bekleiden)*
corps *m (partie d'un vêtement qui recou-vre le torse)*
busto *m*
cuerpo *m*; tronco *m*

113. bodice back
Rückenoberteil *n (von Damenkleidern)*
dos *m* de corsage
dietro *m* del corpino
espalda *f* del cuerpo *(de un vestido)*

114. bodice front
Vorderteil *n (des Oberteils eines Kleides)*
devant *m* du corsage
davanti *m* del corpino
delantero *m* del cuerpo

115. bodice (of lady's garment)
Oberteil *n* (eines Damenbekleidungsstü-ckes) *(weniger die Ärmel, z. B. ein Klei-deroberteil; auch Corsage genannt)*
corsage *m* (d'un vêtement féminin, qui recouvre le torse) *(à l'exclusion des bras) (préf)*; buste *m* (d'un vêtement féminin) *(qui recouvre le torse, à l'exclusion des bras)*
corpino *m* (dell'abito da donna) *(senza maniche)*
cuerpo *m (de una prenda de señora)*

116. bodkin *(to pass-through an elastic)*
Durchziehhaken *m (z. B. für einen Gum-mizug)*
passe-lacet *m (pour passer par ex. une élastique)*; crochet *m* retourné
passanastro *m*; infilanastro *m*
gancho *m* de hacer pasar; gancho *m* de enhebrar; pasacintas *m*

117. body *(pref)*
Rumpf *m (Schnittteile, die den Oberkör-*
per direkt bekleiden)
corps *m (partie d'un vêtement qui recou-*
vre le torse)
busto *m*
cuerpo *m*; tronco *m*

118. body pressing
Rumpfbügeln *n* (an der Presse)
repassage *m* des corps (à la presse)
stiratura *f* dei busti (alla pressa)
prensado *m* del tronco

119. body seam
Wiener Naht *f*
couture *f* bretelle
cucitura *f* del fianchetto
costura *f* contorneada

120. border
Bordüre *f (vorgefertigter Zierstreifen)*
bordure *f*
bordatura *f (di ricamo o pizzo)*
galón *m*

121. border *v*
abfassen *v*
border *v*
bordare *v*
orlar *v*; bordear *v*

122. bottom binding *(for trousers)*
Stoßband *n (Hosenstoßband; mit einsei-*
tiger Kantenverstärkung)
ruban *m* protège-pantalons; talonnette *f*
(pour éviter l'usure des jambes d'un
pantalon)
legaccio *m* dei pantaloni; nastro *m* dei
pantaloni
cinta *f* talonera

123. bound edge
Einfasskante *f*
lisière *f* à border; rebord *m (à border)*
bordo *m (per la bordatura)*
canto *m* a ribetear

124. box pleat
Kellerfalte *f (an der Außenseite stoßen*
die Faltenbrüche von zwei einseitigen
Falten gegeneinander)
pli *m* creux *(rencontre bord à bord sur*
l'endroit)
piega *f* baciata
pliegue *m* encontrado

125. boxy
gerade fallend
droit *(non cintré)*
diritto
de caída *f* recta

126. boy's garment *(coll)*
Knabenbekleidung *f (Koll)*
vêtement *m* (de) garçons *(coll)*
vestiario *m* da ragazzo *(coll)*
ropa *f* para chicos *(col)*

127. boy's size
Knabengröße *f*
taille *f* de garçon
taglia *f* da ragazzo
talla *f* de chico

128. boy's wear *(coll)*
Knabenbekleidung *f (Koll)*
vêtement *m* (de) garçons *(coll)*
vestiario *m* da ragazzo *(coll)*
ropa *f* para chicos *(col)*

129. braid
Borte *f*, Borde *f (Posament-Besatzband*
zur Applikation an Kanten und Säu-
men); Tresse *f*
bordé *m*; tresse *f*
treccia *f*
galón *m*; pasamano *m*; trencilla *f*

130. braiding
Litze *f*
liséré *m*
gallone *m (milit)*
galón *m*

131. breast band
Brustband *n*
ruban *m* de poitrine
nastro *m* di petto
cinta *f* de pecho

132. breast dart
Brustabnäher *m*
pince *f* de poitrine
pince *f* (di) petto
pinza *f* de pecho

133. breast girth
Brustumfang *m (bei weiblichen Perso-*
nen)
tour *m* de la poitrine *(de femme)*
circonferenza *f* del petto *(da donna)*
ancho *m* de pecho *(de la mujer)*

134. breast measurement
Brustmaß n
mesure f de la poitrine
misura f del petto
medida f del pecho

135. breast pocket
Brusttasche f
poche f à pochette; poche f (de) poitrine (gen)
taschino m di petto
bolsillo m de pecho

136. briefs pl
Slip m (ohne Beinansatz)
slip m
slip m
slip m; calzoncillos mpl (sin pernera)

137. buckled tab for backsides
Rückenspange f
tirant m de réglage (à l'arrière)
tirante m di regolazione della vita addietro
ajustador m de espalda

138. built-up shoulder
Vollachsel f
remonture f pleine d'épaule
spalla f imbottita pronunciata
hombro m enguatado

139. built-up sleeve
Polsterärmel m
manche f rembourrée
manica f imbottita
manga f acolchada

140. butt(ed) seam
Stoßnaht f (Verbindung zweier voreinander gelegten Nähgutkanten durch Zick-Zack-Stich)
couture f bout à bout
cucitura f della pedana
costura f a tope

141. button
Knopf m
bouton m
bottone m
botón m

142. button catch
Knopfleiste f
sous-pont m principal
finta f dal lato dei bottoni; allacciatura f a bottoni
tapeta f de botones

143. button covering
Knopfbezug m
revêtement m des boutons
ricoprimento m dei bottoni
forro m del botón

144. button-down collar
Button-down-Kragen m
boutons-col m
colletto m button-down
cuello m abotonable

145. buttoned placket
Knopflochleiste f (mit Futter verstürztes Stoffteil mit Knopflöchern)
patte f de braguette (de pantalon); patte f de boutonnage (à boutonnières, qui borde l'ouverture d'un vêtement)
finta f dell'abbottonatura
tapeta f de ojales (en camisa o bragueta del pantalón)

146. button facing
Knopfleiste f
sous-pont m principal
finta f dal lato dei bottoni; allacciatura f a bottoni
tapeta f de botones

147. button fastening
Knopfverschluss m
fermeture f à boutons
chiusura f a bottoni
cierre m a botón

148. button fly (of trousers)
Knopfleiste f
sous-pont m principal
finta f dal lato dei bottoni; allacciatura f a bottoni
tapeta f de botones

149. buttonhole
Knopfloch n
boutonnière f
asola f (pref); bottoniera f
ojal m

150. buttonhole cutting
Knopflochschneiden n
coupe f de la boutonnière
taglio m delle asole
corte m de ojales

151. buttonhole facing
Knopflochleiste f (mit Futter verstürztes Stoffteil mit Knopflöchern)

patte f de braguette (de pantalon); patte f
de boutonnage (à boutonnières, qui
borde l'ouverture d'un vêtement)
finta f dell'abbottonatura
tapeta f de ojales (en camisa o bragueta
del pantalón)

152. buttonhole fly (of trousers)
Knopflochleiste f (mit Futter verstürztes
Stoffteil mit Knopflöchern)
patte f de braguette (de pantalon); patte f
de boutonnage (à boutonnières, qui
borde l'ouverture d'un vêtement)
finta f dell'abbottonatura
tapeta f de ojales (en camisa o bragueta
del pantalón)

153. buttonhole fly lining
Knopflochleistenfutter n
doublure f de la patte de boutonnage;
doublure f de la patte de braguette
fodera f della finta dell'abbottonatura
forro m de la tapeta de ojales; entretela f
de la tapeta de ojales

154. buttonhole gymp
Knopflochgimpe f
guimpe f à boutonnières
cordoncino m per asole
cordoncillo m para ojales

155. buttonhole panel
Knopflochleiste f (mit Futter verstürztes
Stoffteil mit Knopflöchern)
patte f de braguette (de pantalon); patte f
de boutonnage (à boutonnières, qui
borde l'ouverture d'un vêtement)
finta f dell'abbottonatura
tapeta f de ojales (en camisa o bragueta
del pantalón)

156. buttonhole panel lining
Knopflochleistenfutter n
doublure f de la patte de boutonnage;
doublure f de la patte de braguette
fodera f della finta dell'abbottonatura
forro m de la tapeta de ojales; entretela f
de la tapeta de ojales

157. buttonhole range
Knopflochreihe f
rangée f de boutonnières
abbottonatura f; fila f di asole (pref)
línea f de ojales

158. buttonhole reinforcement
Knopflochverstärkung f
renfort m de boutonnière
rinforzo m dell'asola
refuerzo m del ojal

159. buttonhole seam
Raupennaht f (eine Knopflochnahtart)
couture f de boutonnière
cucitura f a punto (a) occhiello (di bottoniera)
costura f del labio del ojal

160. buttonhole stitch
Knopflochstich m; Raupenstich m
point m de boutonnière
punto m asola; punto m a occhiello (per
bottoniere)
puntada f de ojal; puntada f de realce
del ojal; puntada f de relieve del
ojal

161. buttonhole stitch seam
Knopflochstichnaht f
couture f à point de boutonnière
cucitura f a punto asola
costura f a puntada de ojal

162. buttonholing
Knopflochnähen n
confection f des boutonnières; faire v les
boutonnières (préf)
fare v asole
confección f de ojales

163. button loop
Knopflasche f
bride f de boutonnage (arceau formé
d'un cordon ou d'une gause)
passante m di bottone
lengüeta f para botón

164. button panel
Knopfleiste f
sous-pont m principal
finta f dal lato dei bottoni; allacciatura f a
bottoni
tapeta f de botones

165. button sewing
Knopfannähen n
posage m de boutons
attaccatura f dei bottoni
pegado m de botones

166. button shank
Knopfstiel m
tige f de bouton

care properties

gambo *m* dell'attaccatura del bottone
tallo *m* del botón; cuello *m* del botón

167. button shanking
Knopfstielumwickeln *n*
guipage *m* de la tige de bouton
avvolgimento *m* del gambo
(dell'attaccatura) del bottone
refuerzo *m* del tallo del botón; enrollado
m del tallo del botón

168. button shank stitch
Knopfstielstich *m (zum Nähen des Halses zwischen dem Knopf und dem
Stoff)*
point *m* de tige de bouton
punto *m* di gambo (dell'attaccatura) del
bottone
puntada *f* para hacer el tallo del botón

169. button-stay
Knopfhalter *m*
porte-bouton *m*
stecca *f* per bottoni
portabotones *m*

170. button-through *v*
durchknöpfen *v*
boutonner *v* entièrement
abbottonare *v* interamente
abotonar *v* enteramente; abrochar *v*
enteramente

171. button-through dress
durchgeknöpftes Kleid *n*
robe *f* boutonnée entièrement
abito *m* interamente abbottonato *(da
donna)*
vestido *m* abierto y con botones

172. button-through (front) edge
durchgeknöpfte Kante *f (mit an der vorderen Außenseite sichtbaren Knöpfen)*
bord *m* (de devant) boutonné entièrement
bordo *m* (di davanti) interamente abbottonato
tapeta *f* de ojales *(con botones visibles
en la parte delantera)*

173. button-through skirt
durchgeknöpfter Rock
jupe *f* boutonnée entièrement
gonna *f* interamente abbottonata
falda *f* abierta y con botones

C

174. cap
Mütze *f (ohne Schirm)*
béret *m*
berretto *m*
gorro *m*

175. cape
Cape *n*
cape *f*
cappa *f*
capa *f*

176. cape collar
Cape-Kragen *m*
col *m* de cape
colletto *m* della cappa
cuello *m* de capa

177. Capri pants *pl*
Caprihose *f*
pantalon *m* corsaire *(qui s'arrête à mi-
mollet)*
pantaloni *mpl* alla pescatora
pantalón *m* a la pescadora; pantalón *m*
Capri

178. cap-sleeve
angeschnittener Ärmel *m*
manche *f* taillée; manche *f* dolman
manica *f* a kimono
manga *f* tipo kimono

179. capuchin(e)
Kapuze *f*
capuchon *m (préf)*; capuche *f (capuchon
d'un vêtement imperméable ou se prolongeant par une pèlerine)*
cappuccio *m*
capucha *f*

180. cardigan *(knit vest)*
Cardigan *f (Strickjacke, kragenlos durch-
geknöpft)*
cardigan *m (boutonné au milieu, manches longues et encolure ras du cou)*
cardigan *m*
cardigán *m*

181. care properties *pl*
Pflegeeigenschaften *fpl*
propriétés *fpl* d'entretien
caratteristiche *fpl* relative alla cura
características *fpl* del cuidado

182. casing (of drawstring waist)
Tunnelschlaufe f
coulisse f *(ourlet ou rempli pour ceinturer un vêtement ou réduire l'ampleur)*; passant m *(de ceinture en forme de tunnel)*
passante m
pasador m muy ancho

183. casuals *pl*
Freizeitkleidung f
vêtement m de loisir
vestito m sportivo per il tempo libero *(coll)*; abbigliamento m sportivo per il tempo libero
vestuario m para tiempo libre

184. casual wear *(coll)*
Legerkleidung f *(Koll)*
vêtement m confortable *(coll)*; vêtement m léger *(coll)*
abbigliamento m comodo *(coll)*; vestiario m comodo *(coll)*
ropa f cómoda *(col)*; vestuario m cómodo *(col)*

185. centre back panel
Rückenmittelbahn f
panneau m de milieu (du) dos
pannello m di mezzo dietro; pannello m centrale del dietro
panel m central de espalda

186. centre back pleat
hintere Falte f *(Mittelfalte)*
pli m (d'aisance) du milieu (de) dos
piega f di mezzo dietro *(permette di camminare)*
pliegue m central de espalda

187. centre panel (of an item)
Mittelbahn f (eines Kleidungsstückes)
panneau m de milieu (d'une pièce de vêtement); panneau m central (d'un vêtement); lé m milieu (d'une robe)
pannello m centrale (del vestito)
panel m central

188. centre part
Mittelteil n
partie f (de) milieu
parte f centrale
parte f central

189. cervical to foot sole
Halswirbel m bis zur Fußsohle
septième cervicale f jusqu'au talon

dalla vertebra f cervicale fino alla pianta del piede
altura f cervical

190. cervical to knee joint
Halswirbel m bis Kniekehle
septième cervicale f jusqu'au creux de genou
dalla vertebra f cervicale fino al poplite
cervical f a rodilla

191. cervical to waist level
Halswirbel m bis Taille
septième cervicale f jusqu'à la taille
dalla vertebra f cervicale fino alla vita
cervical f a cintura

192. chain seam
Kettennaht f
couture f à point de chaînette
cucitura f a catenella
costura f de cadeneta

193. chain stitch
Kettenstich m *(auch Einfachkettenstich)*
point m de chaînette
punto m a catenella
puntada f de cadeneta

194. chain stitch seam
Kettenstichnaht f
couture f à point de chaînette
cucitura f a punto catenella
costura f de cadeneta

195. chasuble
Chasuble f *(ärmellose und kragenlose Damenjacke und -weste)*
chasuble f *(à encolure dégagée, sans manches)*
abito m chasuble
chaleco m *(de señora) tipo casulla*; chasuble m

196. chest girth
Brustumfang m *(bei männlichen Personen)*
tour m de la poitrine *(d'homme)*
circonferenza f del petto *(da uomo)*
perímetro(m) de pecho *(del hombre)*

197. chest measurement
Brustmaß n
mesure f de la poitrine
misura f del petto
medida f del pecho

closing seam

198. chest pocket
Brusttasche *f*
poche *f* à pochette; poche *f* (de) poitrine
    (gen)
taschino *m* di petto
bolsillo *m* de pecho

199. child's bib slacks *pl*
Latzhöschen *n*
culotte *f* à bavette d'enfant
pantaloncini *mpl* con pettino da bambino
pantaloncito *m* con peto

200. children's garment *(coll)*
Kinderbekleidung *f (Koll)*
vêtement *m* pour enfants *(coll)*
abbigliamento *m* per bambini *(coll)*;
    vestiario *m* per bambini *(coll)*
ropa *f* infantil; ropa *f* de niños *(col)*

201. children's outerwear *(coll)*
Kinderoberbekleidung *f (Koll)*
vêtement *m* de dessus pour enfants *(coll)*
abbigliamento *m* esterno per bambini
    (coll)
ropa *f* exterior para niños *(col)*

202. children's ready-made clothing
    (coll)
Kinderkonfektion *f (Fertigware) (Koll)*
confection *f* pour enfants *(coll)*
confezioni *fpl* per bambini *(coll)*
confección *f* infantil *(col)*

203. children's size
Kindergröße *f*
taille *f* d'enfant
taglia *f* per bambini
talla *f* infantil

204. children's wear *(coll)*
Kinderbekleidung *f (Koll)*
vêtement *m* pour enfants *(coll)*
abbigliamento *m* per bambini *(coll)*; vestia-
    rio *m* per bambini *(coll)*
ropa *f* infantil; ropa *f* de niños *(col)*

205. chintz piping
Chintzpaspel *m*
passepoil *m* chintz
pistagna *f* (di) chintz
vivo *m* de chintz

206. choker
Vatermörder *m*
col *m* à manger de la tarte *(un col dur)*
collo *m* alto duro
marquesota *f*; cuello *m* alto duro

207. cigarette line
Zigarettenlinie *f (Hosenbein-Silhouette)*
ligne *f* cigarette
linea *f* sigaretta
línea *f* pitillo

208. circular pleat
Rundumfalte *f*
pli *m* circulaire
piega *f* circolare
pliegue *m* circular

209. circular stitcher
Rundnäher *m*
couseuse *f* circulaire; machine *f* à coudre
    circulaire
macchina *f* per cucire circolare
máquina *f* para costuras circulares

210. cisson bust dart
Cisson-Abnäher *m (auch Brustabnäher)*
pince *f* de poitrine cisson
pince *f* del petto cisson
pinza *f* de pecho cissón

211. clasp
Schließhaken *m*
patère *f*
fermaglio *m*
gancho *m* de cierre

212. cloche
glockig
cloché
a campana; scampanato
acampanado

213. close-fitting
eng anliegend
collant; près du corps
attillato
ceñido al cuerpo

214. close-fitting clothing
hautenge Kleidung *f*
vêtement *m* collant
abito *m* attillato; vestiti *mpl* aderenti
ropa *f* ceñida

215. close-fitting garment
eng anliegende Bekleidung *f*
vêtement *m* collant
vestiario *m* attillato
ropa *f* ceñida; ropa *f* entallada

216. closing seam
Verschlussnaht *f*
couture *f* de fermeture

cucitura f di fermatura
costura f de cierre

217. clothes pl (coll)
Kleidung f (jedes Teil, das den Körper
    bedeckt) (Koll)
habit m (ensemble des pièces constituant
    une tenue particulière) (coll)
vestito m (coll)
vestuario m (col); vestimenta f (col); ropa
    f (col)

218. cloth fly
Hosenschlitzleiste f
braguette f lisière
finta f dei pantaloni; sparato m
tapeta f de la bragueta del pantalón

219. clothing (coll)
Kleidung f (jedes Teil, das den Körper
    bedeckt) (Koll)
habit m (ensemble des pièces constituant
    une tenue particulière) (coll)
vestito m (coll)
vestuario m (col); vestimenta f (col); ropa
    f (col)

220. clothing item
Kleidungsstück n
pièce f de vêtement
indumento m (capo di vestiario)
prenda f de vestir

221. clothing machine
Bekleidungsmaschine f
machine f pour la confection (de l'habille-
    ment)
macchina f di confezione
máquina f de confección

222. clothing manufacturer
Bekleidungshersteller m
fabricant m de confections
fabbricante m d'abbigliamento
fabricante m de confección

223. coarse woolen tweed (coat)
Lodenmantel m
manteau m (de) de loden
cappotto m (di) loden
(abrigo) loden m

224. coat-dress
Mantelkleid n
robe-manteau f (une robe tailleur
    chaude)
abito m stile soprabito (da donna)
vestido m abrigo

225. coat-tail
Rockschoß m (Herrenrockschoß)
basque f (d'habit)
falda f (dell'abito da uomo)
faldón m (de prendas de caballero)

226. cockling
glockig
cloché
a campana; scampanato
acampanado

227. cockling cut (fashion line)
Glockenschnitt m (Modelinie)
ligne f clochée
linea f a campana (taglio di moda)
corte m acampanado

228. cockling pleat
Glockenfalte f
pli m cloche
piega f a campana
pliegue m acampanado

229. cocktail dress
Cocktailkleid n (zwischen dem eleganten
    Nachmittagskleid und dem kleinen
    Abendkleid)
robe f de cocktail
abito m da cocktail (da donna); abito m
    da mezza sera (da donna)
vestido m de cóctel

230. coin pocket
Münztasche f
poche f de monnaie
tasca f per gli spiccioli
bolsillo m monedero

231. collar
Kragen m
col m; collerette f (col léger, plissé ou froncé)
colletto m
cuello m

232. collar and facing seam
Revers- und Kragenspiegelnaht f
couture f de paramenture et de col
cucitura f a specchio della paramontura e
    dell'attaccatura del collo alla paramon-
    tura
costura f de solapa y entradilla

233. collar band
Kragenbündchen n
bande f rapportée de col
ribordo m del coletto
collarín m

234. collar bording
Krageneinfassung *f*
bordage *m* du col
bordatura *f* del colletto
orillado *m* del cuello; ribete *m* del cuello

235. collar crease (line)
Kragenbruch *m*
cassure *f* du col
spezzatura *f* del colletto
quiebre *m* del cuello

236. collar drawing
Kragenspiegel *m*
contre-anglaise *f* du col
attacco *m* del colletto con paramontura
entradilla *f* del cuello

237. collar drawing seam
Kragenspiegelnaht *f*
couture *f* contre-anglaise du col
cucitura *f* a specchio del colletto
costura *f* de entradilla del cuello

238. collar expance
Kragenweite *f (auch Kragengröße)*
largeur *f* du col
larghezza *f* del colletto
medida *f* del cuello

239. collar flap
Kragenpatte *f*
rabattement *m* du col
vela *f* superiore del colletto
tapa *f* del cuello

240. collar gorge seam
Kragenspiegelnaht *f*
couture *f* contre-anglaise du col
cucitura *f* a specchio del colletto
costura *f* de entradilla del cuello

241. collar interlining
Krageneinlage *f*
entre-doublure *f* de col; triplure *f* pour cols
interno *m* per rinforzo del colletto
entretela *f* del cuello

242. collarless
kragenlos
sans col
senza colletto
sin cuello

243. collar notch
Kragenabstich *m (Verlauf der äußeren Kragenkante von der Schulternaht bis zum Revers)*

entaille *f* du col
intaglio *m* del colletto
trazado *m* del cuello

244. collar size
Kragengröße *f*
mesure *f* (du pourtour) d'encolure *(du col; Ex.: chemise d'encolure 39)*
misura *f* del colletto
medida *f* del cuello

245. collar stand
Kragenfuß *m*
pied *m* du col
piedino *m* del colletto
pie *m* del cuello

246. collar step
Kragenabstich *m (Verlauf der äußeren Kragenkante von der Schulternaht bis zum Revers)*
entaille *f* du col
intaglio *m* del colletto
trazado *m* del cuello

247. combination stitch
Kombinationsstich *m*
point *m* composé
punto *m* combinato
puntada *f* combinada

248. combination (stitch) seam
Kombinations(stich)naht *f*
couture *f* (à point) composée
cucitura *f* (a punto) combinato
costura *f* (a puntada) combinada

249. combination suit
kombinierter Anzug *m*
complet *m* combiné
abito *m* completo combinato
traje *m* dos piezas; traje *m* combinado

250. comfort pleat
Bequemlichkeitsfalte *f (die bei Tragebe-anspruchung aufspringt, z. B. Quetsch-falte, Kellerfalte und Golffalte)*
pli *m* de confort
piega *f* di comodità
pliegue *m* de comodidad

251. component *(of the maked-up garment)*
Bestandteil *n (Konfektionsbestandteil)*
pièce *f (de confection)*; composant *m (de confection)*
componente *m (del vestito confezionato)*; pezzo *m* di confezione
componente *m (de una prenda)*

252. concealed
verdeckt
caché; recouvré
ricoperto
tapado; oculto

253. concealed basting
verdecktes Zusammenheften *n*
assemblage *m* en faufilant caché
imbastitura *f* mascherata
hilván *m* tapado

254. concealed button fly [panel]
Knopfleiste *f*/verdeckte *(unter der Vorder-teilkante gearbeitet)*
sous-pont *m* principal recouvré; bande *f* à boutonnières recouvrée
allacciatura *f* a bottoni ricoperta
tapeta *f* de botones tapada

255. concealed zip(-fastener)
verdeckter Reißverschluss *m*
fermeture *f* à glissière recouvrée
chiusura *f* lampo ricoperta
cremallera *f* tapada

256. concertina pocket
Blasebalgtasche *f*
poche-soufflet *f*
tasca *f* a mantice
bolsillo *m* de fuelle

257. consumption of materials
Materialverbrauch *m*
consommation *f* de matériel
consumo *m* di materiale
consumo *m* de material

258. control body measures *pl*
Körperkennmaße *npl*
mesures *fpl* de contrôle du corps
misure *fpl* di controllo del corpo
medidas *fpl* de control del cuerpo

259. control measures *pl*
Kontrollmaße *npl (Hilfs- oder Ergän-zungsmaße zu den Tabellenmaßen)*
mesures *fpl* de contrôle
misure *fpl* di controllo
medidas *fpl* de control

260. cord *(belt)*
Schnur *f (zum Umbinden)*
cordelière *f (torsade, que l'on noue au-tour de la taille)*
cordicella *f (cintura)*
cordón *m (de atar)*

261. corsage (of lady's garment) or top of a dress
Oberteil *n* (eines Damenbekleidungs-stückes) *(weniger die Ärmel, z. B. ein Kleideroberteil; auch Corsage genannt)*
corsage *m* (d'un vêtement féminin, qui recouvre le torse) *(à l'exclusion des bras) (préf)*; buste *m* (d'un vêtement féminin) *(qui recouvre le torse, à l'exclusion des bras)*
corpino *m* (dell'abito da donna) *(senza maniche)*
cuerpo *m (de una prenda de señora)*

262. corso skirt
Sattelrock *m*
jupe *f* à empiècement
gonna *f* a sprone
falda *f* al canesú

263. costume
Tailleur *m (pref)*; Kostüm *n*
tailleur *m*
tailleur *m*
traje *m* sastre *(para señora)*; traje *m* cha-queta *(para señora)*

264. costume skirt
Kostümrock *m*
jupe *f* de tailleur
gonna *f* di tailleur
falda *f* del traje chaqueta

265. cotton braid
Baumwollbesatz *m (auch Tresse)*
tresse *f* de coton
treccia *f* di cotone
pasamán *m* de algodón

266. cotton interlining
Baumwolleinlagestoff *m*
triplure *f* (de) coton
fusto *m* di cotone *(per rinforzo)*; para-montura *f* di cotone
entretela *f* de algodón

267. counter-buttonhole
Gegenknopfloch *n*
boutonnière *f* de rappel; boutonnière *f* de contre-bouton
controasola *f*; asola *f* di richiamo
ojal *m* de contrabotón

268. covered
verdeckt
caché; recouvré

ricoperto
tapado; oculto

269. cover(ing) seam
Überdecknaht f
couture f à point de recouvrement
cucitura f a punto di ricoprimento
costura f de recubrir

270. cover(ing) stitch *(DDD-S-751 cl.*
600) (AE)
Überdeck(ketten)stich m *(Gruppe 600*
nach DIN 61400)
point m de recouvrement *(comportant au*
moins un fil de recouvrement)
punto m di ricoprimento
puntada f de recubrimiento

271. crash pad(ding)
Schutzpolsterung f
rembourrage m protecteur
imbottitura f di protezione
acolchado m de protección

272. crease-free fit
faltenloser Sitz m
ajustement m sans faux plis *(du vête-*
ment)
taglio m senza pieghe *(vestito, che cade*
bene)
hechura f sin pliegues; corte m bien aplomado *(que cae bien)*

273. crease (of trousers)
Bügelfalte f
pli m de repassage *(formé à l'endroit de*
la pliure du pantalon)
piega f stirata *(dei calzoni)*
raya f *(del pantalón)*

274. crew neckline
Ausschnitt m/halsnaher
encolure f ras du cou
scollatura f girocollo
escote m alto

275. crimp (running) across the piece
Querfalte f
fronce f dans le sens transversal
crespa f trasversale
arruga f transversal

**276. crimp (running) lengthwise the
piece**
Längsfalte f *(als Fehler)*
fronce f dans le sens de la longueur
crespa f nel senso della lunghezza
arruga f longitudinal

277. crochet cut angle
Crochet-Winkel m *(Winkel des Kragen-*
abstiches zur oberen Reverskante)
angle m crochet *(du façon)*
angolo m uncinetto *(della fattura)*
ángulo m crochet *(de la solapa)*; cran m

278. crochet seam
Häkelnaht f
couture f à crochet
cucitura f all'uncinetto
costura f de ganchillo

279. cross cutting
Querzuschnitt m
coupe f en travers
taglio m trasversale
corte m transversal

280. cross-over stitch
Verbindungsstich m
point m d'assemblage
punto m d'assemblaggio
puntada f de unión

281. cross seam
Quernaht f
couture f en biais
cucitura f trasversale
costura f transversal

282. cross stitch
Kreuzstich m *(beim Ankreuzen an der*
Außenseite, nicht sichtbar)
point m en croix
punto m (a) croce
puntada f en cruz

283. cross stitch seam
Kreuz(stich)naht f
couture f à point en croix
cucitura f a punto (a) croce
costura f a puntada en cruz

284. crotch *(of trousers or underpants)*
(pref)
Schritt m *(Hosenschritt oder Unter-*
hosenschritt)
enfourchure f *(partie échancrée, qui va*
de la pointe de la fourche jusqu'à la
ceinture, devant et derrière)
cavallo m *(dei pantaloni o delle mutande)*
gavilán m

285. crotch *(AE)*
Einsatz m *(Stoffteil, das in einen Aus-*
schnitt eingenäht wird)
empièce ment m

incrostazione *f*
entredós *m*; aplique *m*; gaya *f*

286. crotch length
Schrittlänge *(als Fertigmaß von der Ge-säßnaht bis zur unteren Saumkante der Hose, am Fertigteil gemessen)*; innere Beinlänge *f (einer Hose)*
longueur *f* de la partie interne des jambes *(mesure finite)*; entrejambe *m (partie interne des jambes, qui va de la fourche au bas)*; longueur *f* d'enjambée
lunghezza *f* del cavallo; lunghezza *f* interna della gamba *(dei pantaloni)*
largo *m* de entrepiernas

287. crotch length of trousers *(pref)*
Hosenschrittlänge *f*
entrejambe *m (longueur de la partie interne des jambes du pantalon, qui va de la fourche au bas)*
lunghezza *f* del cavallo
largo *m* de entrepiernas

288. crotch lining
Schrittfutter *n (an der Schrittspitze der Vorderhose)*
hirondelle *f (de doublure)*
fodera *f* cavallino
forro *m* de entrepiernas

289. crotch piece
Keil *m (dreieckiges Schnittteil)*
soufflet *m (dans l'angle d'une fente)*; gousset *m (d'une manche)*
gherone *m*; ritaglio *m* triangolare; tassello *m*
gaya *f*; cuchillo *m*; ensanche *m*; godet *m*

290. crotch piece (of trousers) *(back outside piece)*
Schrittecke *f (keilförmiges Ansatzstück im Schrittbereich)*
chanteau *m* (du dos) de pantalon
inserzione *f* del cavallo *(esterno dietro dei pantaloni)*
gaya *f* de entrepiernas; cuchillo *m* de entrepiernas

291. crotch piece reinforcement
Hosenkeilverstärkung *f*
renfort *m* de la patte d'entrejambe
rinforzo *m* del cavallino
refuerzo *m* de entrepiernas *(gavilán)*

292. crotch piece seam
Keilnaht *f (im Zwischenbeinbereich)*
couture *f* du chanteau (de pantalon)
cucitura *f* del cavallino (dei pantaloni)
costura *f* del gavilán

293. crotch tip
Schrittspitze *f (Konstruktionspunkt an der Hinterhose)*
fourche *f (creux de l'enfourchure en pointe)*; pointe *f* de l'enjambée
punta *f* del cavallo
punta *f* del gavilán

294. crowl dress
Kuttenkleid *n (mit blusig geschnittener Form)*
robe *f* à capuchon
abito *m* a cappuccio *(da donna)*
vestido *m* estilo sotana corta; vestido *m* con capucha

295. cuff
Manschette *f*; Ärmelbündchen *n (aus Oberstoff oder Trikot als Saumabschluss)*
poignet *m (rebord ou bande rapportée)*
polsino *m*
puño *m*

296. cuff(ed) sleeve
Bündchenärmel *m*
manche *f* à poignet *(rebord ou bande rapportée)*
manica *f* a polsino
manga *f* a puño

297. cuff interlining
Manschetteneinlage *f*
triplure *f* de poignet
interno *m* del polsino; rinforzo *m* del polsino
entretela *f* del puño

298. cuff turning
Manschettenwenden *n*
retournement *m* des poignets
risvolto *m* (dei) polsini
revuelta *f* de puños

299. culotte skirt
Hosenrock *m*
jupe-culotte *f*
gonna-pantalone *f*
falda *f* pantalón

300. cup (of bra)
Cup *n*
bonnet *m* (de soutien-gorge)
coppa *f* (di reggiseno)
copa *f* (del sujetador)

301. cup(-shaped) collar
Kelchkragen *m*
col *m* à corolle
colletto *m* a calice
cuello *m* estilo cáliz

302. custom(-made) *(AE)*
maßgeschneidert
sur mesure
su misura
confeccionado a medida

303. custom(-made) suit *(AE)*
Maßanzug *m*
costume *m* sur mesure *(suivant les mesures d'une personne)*
abito *m* completo su misura *(da uomo)*
traje *m* a medida

304. cut *(of a model)*
Linienführung *f* *(eines Modells)*
coupe *f* *(d'un modèle)*
linea *f* *(del modello)*
trazado *m* *(de un modelo)*; diseño *m* *(de
un modelo)*

305. cut *(of garment)*
Façon *f*
façon *f*
façon *f*
corte *m*; hechura *f*

306. cut *v* **off**
abschneiden *v*
couper *v*
tagliare *v*
cortar *v*

307. cutaway coat
Cutaway *m* *(Gehrock mit fallenden Kanten)*
jaquette *f* de cérémonie *(longue veste de
cérémonie à basques un peu arron-
dies)*
tight *m*; giacca *f* a coda di rondine
levita *f*

308. cut away front
Kante *f*/abgerundete
bord *m* arrondi
bordo *m* arrotondato
canto *m* redondeado

309. cut-in marking
Markierschnitt *m*
coupure *f* de marquage
intaglio *m* per marcatura
corte *m* por marcado

310. cutting
Zuschnitt *m*
coupe *f*
taglio *m*
corte *m*

311. cutting into pieces
Stückeln *n* (durch Auseinanderschnei-
den)
coupe *f* en morceaux; morcellement *m*
spezzettatura *f*
troceado *m*

312. cutting layout
Schnittbild *n* *(Auslegen der Schnittschablonen)*
plan *m* de coupe
piano *m* di taglio
marcada *f*

313. cutting layout optimization
Lageoptimierung *f* *(zur Kostenoptimie-
rung in der Zuschneiderei)*
optimisation *f* du plan de coupe
ottimizzazione *f* del piano di taglio
optimación *f* del extendido

314. cutting loss
Schnittverlust *m*
perte *f* à la coupe
perdita *f* al taglio
merma *f* del corte

315. cutting pattern *(after grading)*
Schnittschablone *f*
patron *m* de coupe *(après la gradation)*
cartamodello *m(f)* da taglio
patrón *m* de corte

D

316. dart
Abnäher *m* *(Ausschnitt in einer vorgegebenen Tiefe und Länge sowie Nahtfüh-
rung)*
pince *f*
pince *f*
pinza *f*

317. décolleté
Dekolleté n; tiefer Ausschnitt m
décolleté m
décolleté m; scollatura f profonda
escote m (profundo)

318. deep-cuffed sleeve
Stulpenärmel m
manche f à revers
manica f con risvolto
manga f con manguito; manga f con
doble puño vuelto

319. design (of an item)
Design n (die Form- und Schnittgestaltung eines Kleidungsstückes)
design m (d'une pièce de vêtement)
disegno m (progetto di un indumento)
diseño m (de patrones)

320. detachable collar
Anknöpfkragen m
faux-col m (amovible à l'aide de boutons)
colletto m sbottonabile
cuello m abotonable

321. deux-pièces
Deuxpièces n
deux-pièces m
duepezzi m
dos piezas m

322. device
Apparat m
appareil m (assemblage de pièces mécaniques se fixant sur la machine)
apparecchio m
aparato m

323. diagonal pocket
Diagonaltasche f
poche f en biais
tasca f diagonale
bolsillo m al bies; bolsillo m inclinado

324. diagonal stitch
Schrägstich m; Diagonalstich m
point m diagonal; point m en diagonale
punto m diagonale
puntada f diagonal

325. dickey
Hemdbrust f
devant m de chemise
davantino m della camicia; pettino m
della camicia; sparato m
pechera f (de la camisa)

326. dicky
Plastron m(n)
plastron m
plastron m
plastrón m

327. die cutting
Stanzschneiden n
découpage m à l'emporte-pièce
taglio m mediante stampaggio
corte m a troquel

328. dimensional tolerance
Maßtoleranz f
tolérance f dimensionnelle
tolleranza f dimensionale
tolerancia f dimensional

329. Dior pleat
Dior-Falte f
pli m Dior
piega f Dior
pliegue m Dior

330. Dior vent
Dior-Schlitz m (Öffnung in der Naht mit
auf dem Futter aufgenähten Stoffbe-
setzen)
fente f Dior
spacco m Dior
abertura f Dior

331. direct fusing
Direktversiegeln n
thermofixage m direct
termofissaggio m (per fusione) diretto
termofijado m directo; termosellado m
directo

332. dirndl (dress)
Dirndlkleid n
robe f tyrolienne
vestito m alla tirolese (da donna)
vestido m tirolés

333. distorsion of fabric
Stoffverzerrung f (bei der Konfektion)
déformation f du tissu (pendant la confection)
distorsione f del tessuto (durante la confezione)
distorsión f del tejido

334. divided pocket
unterteilte Tasche f
poche f subdivisée
tasca f suddivisa
bolsillo m subdividido

335. divided skirt
Hosenrock *m*
jupe-culotte *f*
gonna-pantalone *f*
falda *f* pantalón

336. dolman sleeve
angeschnittener Ärmel *m*
manche *f* taillée; manche *f* dolman
manica *f* a kimono
manga *f* tipo kimono

337. dot marking
Punktmarkierung *f (von vorgegebenen
Positionen)*
marquage *m* par points
tracciatura *f* mediante punti
marcado *m* por puntos

338. double-breasted
zweireihig
à deux rangées; croisé
a doppiopetto
cruzado; de dos filas *(de botones)*; de
doble abotonado

339. double-breasted coat
Mantel *m*/zweireihiger
manteau *m* à deux rangées; manteau *m*
croisé
cappotto *m* doppiopetto
abrigo *m* cruzado

340. double-breasted coat or suit
Doppelreiher *m*
vêtement *m* à deux rangées (de boutons); vêtement *m* à double boutonnage; vêtement *m* croisé
abito *m* a doppiopetto; doppiopetto *m*
traje *m* cruzado; chaqueta *f* de doble
abotonado

341. double-breasted garment
Zweireiher *m (Kurzbezeichnung für ein
zweireihig geschlossenes Kleidungsstück)*
habillement *m* croisé; habillement *m* à
deux rangées (de boutons); habillement
m à double boutonnage
abbigliamento *m* doppiopetto; vestito *m*
doppiopetto
prenda *f* cruzada; vestimenta *f* de dos
filas de botones

342. double-breasted suit
Anzug *m*/zweireihiger
complet *m* à deux rangées; complet *m*
croisé
abito *m* completo doppiopetto
traje *m* cruzado

343. double chainstitch
Doppelkettenstich *f (Gruppe 400)*
point *m* de chaînette double
doppio punto *m* catenella
puntada *f* de cadeneta doble

344. double chainstitch seam
Doppelkettennaht *f*
couture *f* à point de chaînette double
cucitura *f* a doppio punto catenella
costura *f* de cadeneta doble

345. double cuff
Doppelmanschette *f (durch Umschlagen)*
poignet *m* mousquetaire *(replié sur lui-
même)*
polsino *m* doppio; polsino *m* gemello
puño *m* doble vuelto

346. double diagonal stitch
Doppeldiagonalstich *m*
point *m* en diagonal double
doppio punto *m* diagonale
puntada *f* en diagonal doble

347. double edge
Doppelrand *m*
bord *m* double
bordo *m* doppio
borde *m* doble

348. double-face(d)
seitengleich
à double face
a doppia faccia
de doble faz

349. double-face garment
Umkehrkleidung *f*
vêtement *m* réversible
vestito *m* rovesciabile
prendas *fpl* doble faz; prendas *fpl* rever-
sibles

350. double hem
Doppelsaum *m*
ourlet *m* double
orlo *m* doppio
dobladillo *m* doble

351. double-lapp(ed) seam
Doppelkappnaht f
couture f double rabattue
cucitura f a doppia ribattitura
costura f sobrecargada doble

352. double lay-in *(in the garment)*
Doppelfutter n *(in der Bekleidung)*
double doublure f *(dans un vêtement)*
doppia foderatura f *(nel vestito)*
doble forro m *(en la ropa)*

353. double lockstitch
Doppelsteppstich m *(Gruppe 300 nach DIN 61400)*
double point m noué
doppio punto m annodato
pespunte m doble

354. double seam
Doppelnaht f *(zwei parallel verlaufende Einzelnähte)*
couture f double; double couture f
cucitura f doppia
costura f doble

355. double seat of trousers *(reinforced)*
Hoseneinsatz m *(zur Verstärkung)*
fond m de pantalon renforcé
fondo m rinforzato dei pantaloni
refuerzo m del fondo del pantalón

356. double stitch
Doppelstich m
point m double
doppio punto m
puntada f doble

357. double stitching *(two-thread stitching)*
Zweifädignähen n
couture f (à) deux fils *(l'action)*
cucitura f a due fili *(l'azione)*
cosido m a dos hilos

358. double stitch of the front edge
Doppelstürznaht f *(der Kanten)*
double couture f de fourreau devant
doppia cucitura f da bordi davanti
costura f doble del borde delantero

359. double thread
zweifädig
à deux fils
a due fili
a dos hilos

360. double welt
Doppelrand m
bord m double
bordo m doppio
borde m doble

361. double zigzag stitch
Doppelzickzackstich m *(doppelte dreieckförmige Stichanordnung)*
point m en zigzag double
doppio punto m a zigzag
puntada f zigzag doble

362. drawing seam
Spiegelnaht f
couture f contre-anglaise
specchio m sopraccollo
costura f de espejo *(solapa)*

363. drawstring
Tunnelgürtel m
cordon m *(glissé à l'intérieur d'une coulisse)*
cordone m *(per passaggio attraverso un passante)*
cinturón m para pretina de túnel

364. drawstring waist
Tunnelbund m
ceinture f coulissante *(à cordon glissé à l'intérieur d'une coulisse)*
cintura f a passante
pretina f tipo túnel; cinturilla f tipo túnel

365. dress *(gen)*
Kleid n
robe f
abito m *(da donna)*
vestido m

366. dress and jacket
Kleid n/zweiteiliges *(Kleid und Jacke)*
ensemble m veste et robe; robe f en deux-pièces *(robe et veste)*
completo m *(giacca e abito da donna)*
vestido m de dos piezas; vestido m y chaqueta f

367. dress hem
Kleidersaum m
bas m de robe
fondo m dell'abito *(da donna)*; piegatura f dell'orlo dell'abito *(da donna)*
dobladillo m de bajos del vestido

368. dress-preserver
Schweißblatt *n*; Armblatt *n*
dessous-(de-)bras *m (préservateur de transpiration)*
sott(o)ascella *f*
sobaquera *f*

369. dress with halter bodice
Sonnen-Top-Kleid *n (schulterlos)*
robe *f* bain-de-soleil
abito *m* da spiaggia prendisole
vestido *m* playero *(de hombros desnudos)*; vestido *m* top

370. dress with (shoulder-)straps
Trägerkleid *n*
robe *f* à bretelles
prendisole *m* a bretelle *(solo estivo)*; abito *m* a bretelle *(da donna)*
vestido *m* de tirantes

371. dry ironing
Trockenbügeln *n*
repassage *m* à sec
stiratura *f* a secco
planchado *m* en seco

372. dry pressing
Trockenbügeln *n*
repassage *m* à sec
stiratura *f* a secco
planchado *m* en seco

373. dummy buttonhole
blindes Knopfloch *n*
fausse boutonnière *f*
bottoniera *f* finta
ojal *m* de imitación

E

374. easy-care shirt
pflegeleichtes Hemd *n*
chemise *f* facile à entretenir
camicia *f* che richiede poca cura
camisa *f* de lavar y poner

375. edge *v* with ribbon
mit Band besetzen *v*
garnir *v* à ruban
guarnire *v* con nastro
guarnecer *v* con cinta

376. edge basting
Kantenheften *n*
bâtissage *m* du bord
imbastitura *f* del bordo
hilvanado *m* de cantos

377. edge binding
Eckenband *n (nicht elastisches Band mit festen Webkanten gegen Ausdehnen von Bekleidungsbestandteilen)*
extra-fort *m (pour bords)*
nastro *m* rinforzato *(per bordi)*
ligueta *f* de canto; tira *f* de refuerzo de cantos

378. edge cutting
Randabschneiden *n*
coupe *f* du bord
taglio *m* del bordo
corte *m* del borde; corte *m* del canto

379. edge guide
Kantenführung *f*
guide-bord *m*; guide *m* margeur *(guide le bord de la matière en cours de la couture ou de la piqûre)*
guida *f* del bordo
guíacantos *m*; guía *m* de bordes

380. edge pinker
Kantenauszackeinrichtung *f (beim Nähen)*
cranteur *m* des bords; accessoire *m* à cranter les bords *(en cours de piquage)*
apparecchio *m* per dentellare i bordi
dispositivo *m* de picotear cantos; dispositivo *m* de dentellar cantos

381. edge pinking attachment *(pref)*
Kantenauszackeinrichtung *f (beim Nähen)*
cranteur *m* des bords; accessoire *m* à cranter les bords *(en cours de piquage)*
apparecchio *m* per dentellare i bordi
dispositivo *m* de picotear cantos; dispositivo *m* de dentellar cantos

382. edge piping
Paspelvorstoß *m*
passepoil *m* en bordure
filetto *m* nel bordo
labio *m* del vivo

383. edge piping *(the strip)*
Kantenpaspel *m (zum Verzieren von Kanten und Schlitzen)*
passepoil *m* du bord *(de devant et de fentes)*

pistagna *f* per i bordi (di davanti e degli
spacchi)
vivo *m* para cantos *(adorno de bordes y
aberturas)*

384. edge reinforcing
Randverstärken *n*
renforcement *m* du bord
rinforzamento *m* del bordo
refuerzo *m* del canto *(gen)*

385. edge rubbing
Kantenausreiben *n*
écrasage *m* des bords
appiattimento *m* dei bordi
alisado *m* de cantos

386. edge seam
Kantennaht *f*
couture *f* du bord
cucitura *f* del bordo
costura *f* de canto

387. edge stitch
Kantenstich *m (zum Durchnähen von
Kanten ohne Stichbrücken, z. B. mittels
Punktstich)*
point *m* bord à bord
punto *m* ai bordi
pespunte *m* del canto

388. edging
Einfassen *n*; Randeinfassung *f*
bordage *m*
bordatura *f (l'azione)*
ribeteado *m*; ribete *m* de cantos

389. edging back seam
hintere Besatznaht *f*
couture *f* d'assemblage de la parementure
cucitura *f* di dietro di paramontura
costura *f* posterior de vista

390. edging braid
Einfassborte *f (Applikation von Posament-Besatzband)*
bordé *m (pour le bordage même)*
treccia *f* per la bordatura
galón *m* de ribete

391. edging lace, sewn on
Besatzspitze *f*/aufgenähte
dentelle *f* de garniture cousue
pizzo *m* di guarnizione cucita
puntilla *f* de guarnición aplicada

392. edging ribbon
Einfassband *n (zum Absichern der Nähgutkante gegen Ausfransen)*; Besatz-
band *n*
ruban *m* de bordage; ruban *m* de garniture
nastro *m* per la bordatura; nastro *m* di
guarnizione; nastro *m* per orli
cinta *f* de ribete; cinta *f* de guarnición;
pasamano *m*

393. effective length of a model
effektive Modelllänge *f*
longueur *f* effective du modèle
lunghezza *f* effettiva del modello
largo *m* efectivo del modelo

394. effect seam
Effektnaht *f*
couture *f* d'effet
cucitura *f* d'effetto
costura *f* de fantasía; costura *f* de adorno

395. elasticated pants *pl*
Stretchhose *f*
pantalon *m* élastique
pantaloni *mpl* elasticizzati
pantalón *m* elástico

396. elasticated trousers *pl*
Stretchhose *f*
pantalon *m* élastique
pantaloni *mpl* elasticizzati
pantalón *m* elástico

397. elastic leg border
Beinabschluss *m*/elastischer
bord *m* élastique de jambe
bordo *m* elastico di gamba
elástico *m* de muslo

398. elastic sleeveband
elastisches Ärmelbündchen *n*
poignet *m* élastique
polsino *m* elastico
puño *m* elástico

399. elastic waistband
elastischer Bund *m*
ceinture *f* élastique
cintura *f* elastica
cintura *f* elástica

400. elbow patch
Ellbogenverstärkung *f*
renfort *m* au coude *(cousu ou collé)*
rinforzo *m* ai gomiti
codera *f*; refuerzo *m* del codo

401. elbow reinforcement
Ellbogenverstärkung f
renfort m au coude (cousu ou collé)
rinforzo m ai gomiti
codera f; refuerzo m del codo

402. elbow sleeve
halber Ärmel m
demi-manche f
mezza manica f
media manga f

403. elephant-leg style
Trompetenstil m
style m trompette
stile m tromba
estilo m abocinado; estilo m trompeta

404. end break
Fadenbruch m
casse f du fil
rottura f del filo
rotura f del hilo

405. English standard size
englische Normalgröße f
dimensions mpl standard en Grande-
   Bretagne
taglia f normalizzata inglese
talla f standard inglesa

406. ensemble (overcoat and dress
and/or skirt and/or trousers)
Ensemble n (Mantel und Kleid und/oder
   Rock und/oder Hose, aufeinander
   abgestimmt)
ensemble m (composé d'au moins deux
   pièces assorties); ensemble m (manteau et robe et/ou jupe et/ou pantalon,
   assortis)
insieme m (soprabito e abito e/o gonna
   e/o pantaloni)
conjunto m de vestir (prendas que se
   llevan juntas, p.ej. abrigo con vestido
   o chaqueta con pantalón o falda)

407. epaulet(te)
Schulterklappe f (aufknöpfbar oder fest
   aufgenäht)
épaulette f
spallina f
charretera f

408. evening attire
Abendkleidung f
vêtement m de soirée

abito m da sera
ropa f de vestir de noche

409. evening wear
Abendkleidung f
vêtement m de soirée
abito m da sera
ropa f de vestir de noche

410. eye (of a needle)
Öhr n (Nadelöhr)
chas m (d'aiguille)
cruna f (dell'ago)
ojo m (de la aguja)

411. eye(let)
Öse f
œillet m
femminella f; foretto m (della cintura);
   occhiello m (pref)
ojete m

412. eye(let) band
Ösenband n
bande f à œillets; sous-garant m d'œillets
nastro m a occhielli
cinta f de ojetes; cinta f de corchetes
   hembra

413. eye(let) buttonhole
Augenknopfloch n (mit einer Rundung für
   den Knopfstiel)
boutonnière f à œillet
asola f occhiello
ojal m con ojete; ojal m de sastre

414. eye(let) hook
Ösenhäkchen n
crochet m d'œillet
gancino m per occhielli
ganchillo m para ojetes; corchete m macho

F

415. fabric-covered button
stoffbezogener Knopf m
bouton m revêtu à tissu
bottone m rivestito di tessuto
botón m forrado de tejido

416. fabric crease
Stoffbruch m (durch Unterlegen oder
   Umknicken einer Stofflage oder eines
   Kleidungsstückes)

cassure *f* de tissu
spezzatura *f* del tessuto
pliegue *m* del tejido; quiebre *m* del tejido

417. fabric distortion *(in making-up)*
Stoffverzerrung *f (bei der Konfektion)*
déformation *f* du tissu *(pendant la confection)*
distorsione *f* del tessuto *(durante la confezione)*
distorsión *f* del tejido

418. fabric web
Stoffbahn *f (in der Länge)*
lé *m* de tissu
telo *m* di tessuto
lámina *f* de tejido; hoja *f (de tejido)*

419. facing
Besetzen *n (verstürztes Besetzen, z. B. der vorderen Kante von Sakkos, von der Spiegelnaht bis zum Saum)*
paramenture *f*
paramontura *f (l'azione)*
vista *f*

420. facing back seam
hintere Besatznaht *f*
couture *f* d'assemblage de la paramenture
cucitura *f* di dietro di paramontura
costura *f* posterior de vista

421. facing pocket *(in overcoats)*
Innentasche *f*
poche *f* intérieure *(gen)*; poche *f* journal *(en pardessus)*
tasca *f* interna
bolsillo *m* interior

422. faggoting *(by hem stitching)*
Hohlsaumbündelung *f*
fagotage *m (par ourlet à jour)*
infagottazione *f (per orlo a giorno)*
dobladillo *m* de vainica

423. fall of a sleeve
Ärmelhöhe *f (Fall des glatten Ärmels)*
tombant *m* de la manche *(la position)*
caduta *f* della manica *(posizione)*
caída *f* de la manga

424. fancy cuff
Ziermanschette *f (z. B. aus Spitze oder Musselin)*
manchette *f* ornementale *(fixée au bas d'une manche)*
polsino *m* ornamentale
puño *m* ornamental

425. fancy seam
Effektnaht *f*
couture *f* d'effet
cucitura *f* d'effetto
costura *f* de fantasía; costura *f* de adorno

426. fancy stitch
Zierstich *m*
point *m* ornemental
punto *m* ornamentale
puntada *f* de adorno

427. fashion *v*
fassonieren *v*
façonner *v (un vêtement)*
tagliare *v (un abito alla moda)*
cortar *v* a la moda; hechurar *v*

428. fastness to pleating
Plissierechtheit *f*
solidité *f* au plissage
solidità *f* alla plissettatura
solidez *f* al plisado

429. feather edge braid
Pikotborte *f*
bordé *m* (de) picot
treccia *f* a cappio
pasamano *m* picó; pasamano *m* dentellado

430. feed table
Auflegetisch *m*
table *f* d'alimentation
tavola *f* d'appoggio
mesa *f* de extender; mesa *f* de alimentar

431. fell(ed) seam
Kappnaht *f*
couture *f* rabattue *(le résultat)*; piqûre *f* rabattue
cucitura *f* ribattuta *(effetto)*
costura *f* sobrecargada

432. fell seam attachment
Kappvorsatz *m*
accessoire *m* pour rabattage
apparecchio *m* per ribattitura
aparato *m* sobrecargador

433. fell seam sleeve
Kappnahtärmel *m*
manche *f* à piqûre rabattue
manica *f* a cucitura ribattuta
manga *f* sobrecargada

434. felt collar
Filzkragen *m*
col *m* en feutre
colletto *m* (in) feltro
cuello *m* de fieltro

435. festoon
Feston *n (gezackte und gestickte Borte)*
feston *m*
festone *m*
festón *m*

436. festoon stitch
Festonierstich *m*
point *m* de feston
punto *m* a festone
puntada *f* de festón

437. field-jacket
Parka *m*
anorak *m* militaire
giacca *f* a vento militare; giaccone *m*
militare
parka *m* militar

438. findings *pl (AE)*
Zutaten *fpl (alle Materialien außer dem
Oberstoff)*
fournitures *fpl (de tailleur)*
forniture *fpl* da sarto
fornituras *fpl* de sastre

439. finish *v* pressing
abbügeln *v*; endbügeln *v*
égaliser *v (en repassant)*
dare *v* la stiratura finita
pasar *v* el planchado final

440. finished measures *pl*
Fertigmaße *npl (auch Fertigteilmaße
oder Effektivmaße genannt)*
mesures *fpl* finies
misure *fpl* finite
medidas *fpl* efectivas; medidas *fpl* reales

441. finish(ing) by hand ironing
Finishbügeln *n* durch Handbügeln
achèvement *m* par repassage à la main
finissaggio *m* mediante stiratura a mano;
rifinitura *f* mediante stiratura a mano
acabado *m* con plancha a mano

442. finishing up
Nacharbeiten *n*
retouche *f*
rifinitura *f*
retoque *m*; repaso *m*

443. first pleat of waistband
vordere Bundfalte *f*
premier pli *m* de la ceinture
prima piega *f* della cintura
primer pliegue *m* de pretina

444. fishbone stitch
Zopfstich *m*; Hexenstich *m*; Grätenstich *m*
point *m* natté; point *m* russe *(décoratif)*;
point *m* de chausson; point *m* d'arête
punto *m* treccia; punto *m* a spina di
pesce; punto *m* strega
puntada *f* de trenza; puntada *f* espina (de
pez); punto *m* ruso

445. fitted clothing
anliegende Kleidung *f*
vêtement *m* à la taille
vestito *m* attillato
ropa *f* entallada; ropa *f* ajustada

446. fitted suit *(ladies')*
Tailleur *m (pref) (auch Kostüm)*
tailleur *m*
tailleur *m*
traje *m* chaqueta *(para señora)*; traje *m*
sastre *(para señora)*

447. fitting
Anprobe *f*
essayage *m*
prova *f (del vestito)*
prueba *f*

448. fitting snugly
eng anliegend
collant; près du corps
attillato
ceñido al cuerpo

449. fixing strap
Befestigungsband *n*
sangle *f* de fixation
cinghia *f* di fissaggio
cinta *f* de fijación

450. flap
Patte *f (mit Futter verstürztes Stoffteil, als
Klappe an Taschen)*
rabat *m*
aletta *f*
tapeta *f*

451. flatlock seam
Flatlock-Naht *f*
couture *f* flatlock
cucitura *f* flatlock
costura *f* flatlock

452. flatlock stitch
Flatlock-Stich *m*
point *m* (de couture) flatlock
punto *m* flatlock
puntada *f* flatlock

453. flat seam
Flachnaht *f*
couture *f* plate
cucitura *f* piatta
costura *f* plana

454. flat stitch
Flachstich *m*
point *m* plat
punto *m* piatto
puntada *f* plana

455. flat woven back
glatte Rückseite *f*
envers *m* uni
rovescio *m* liscio
revés *m* liso

456. floating interlining
nichtanstaffierte Einlage *f*
entoilage *m* flottant
rinforzo *m* flottante
entretelado *m* flotante; entretelado *m* sin fijar

457. floating panel (of a skirt)
Schoß *m*
pan *m*; basque *f (prolongement amovible ou rapporté d'une veste ou d'un corsage, qui retombe en forme de petite jupe sur les hanches)*
falda *f*
faldón *m*

458. floating panel skirt *(pref)*
Zipfelrock *m (mit zipfelförmigem Saum)*
robe *f* à pans (flottants)
gonna *f* con lembi
falda *f* pétalo

459. floss silk band
Risolettband *n*
ruban *m* risolette
risoletto *m (nastro con la peluria della seta)*
cinta *f* risolette

460. fluted line hem
gekräuselter Saum *m*
ourlet *m* ondulé
orlo *m* increspato
dobladillo *m* embebido

461. fly lining
Schlitzleistenfutter *n (Hosenschlitzleistenfutter)*
doublure *f* de braguette
fodera *f* per finta *(dell'apertura dei calzoni)*
forro *m* de la tapeta de la bragueta

462. fold
Falte *f*
pli *m (double, formé en repliant le tissu sur lui-même)*
piega *f*
pliegue *m*

463. fold *(by pinching)*
Kniff *m*
pli *m (par pincement)*
piega *f* piccola *(ottenuta volutamente con la cucitura)*
pliegue *m*

464. fold *v* **(a fabric) in book form**
legen *v*/den Stoff in Buchform
plier *v* (un tissu) en forme de livre
infaldare *v* (un tessuto) a forma di libro
extender *v* en forma de libro; plegar *v* en forma de libro

465. folding *(of hem or bottom)*
Umbuggen *n (Einschlagen von Schnittkanten, Nahteinschlägen und Saumeinschlägen)*
rempliage *m (d'ourlet ou de bas)*
piegatura *f (dell'orlo o del fondo)*
doblado *m* de bordes; plegado *m* de bordes

466. footstrap *(of trousers)*
Steg *m (Hosensteg; verstürzter Stoffstreifen)*
sous-pied *m (de pantalon)*
staffa *f (di pantaloni)*
cinta *f* bajopie

467. forepart of the garment
Bekleidungsvorderteil *n*
devant *m* du vêtement
davanti *m* di vestito
delantero *m* de una prenda de vestir

468. fork *(of trousers or underpants)*
Schritt *m (Hosenschritt oder Unterhosenschritt)*
enfourchure *f (partie échancrée, qui va de la pointe de la fourche jusqu'à la ceinture, devant et derrière)*

cavallo *m (dei pantaloni o delle mutande)*
gavilán *m*

469. fork length
innere Beinlänge *f (einer Hose)*
longueur *f* d'enjambée
lunghezza *f* interna della gamba *(dei pantaloni)*
largo *m* de entrepiernas

470. fork length of trousers
Hosenschrittlänge *f*
entrejambe *m (longueur de la partie interne des jambes du pantalon, qui va de la fourche au bas)*
lunghezza *f* del cavallo
largo *m* de entrepiernas

471. formal wear *(coll)*
formelle Kleidung *f (Koll)*; Festkleidung *f (Koll)*
vêtement *m* de cérémonie *(coll)*
abito *m* da cerimonia *(coll)*; vestito *m* da festa *(coll)*
ropa *f* de ceremonia *(col)*

472. forming *(by pressing)*
Formbügeln *n (an der Bügelpresse)*
mise *f* en forme *(avec la machine à repasser)*
formatura *f (mediante stiratura con pressa)*
conformación *f* por plancha; modelado *m* por plancha

473. forward stitch
Vorwärtsstich *m*
point *m* en avant
punto *m* in avanti
puntada *f* adelante

474. foundation slip
Fond-de-Robe *(Unterkleid)*
fond *m* de robe *(avec la partie supérieure prolongée sur les épaules en de larges bretelles non réglables)*
sottoveste *f* stile fond-de-robe
combinación *f* „fond-de-robe"; combinación *f* con manga al hombro

475. four-needle flat seam
Viernadel-Flachnaht *f*
couture *f* plate (à) quatre aiguilles
cucitura *f* piatta a quattro aghi
costura *f* plana a cuatro agujas

476. fraying band for trouser bottom
Hosenstoßband *n*
talonnette *f* de pantalon *(ruban que l'on coud à l'intérieur du bas de la jambe d'un pantalon)*
nastro *m* di protezione del fondo della gamba dei calzoni
cinta *f* talonera

477. French buttonhole
Paspelknopfloch *n*
boutonnière *f* passepoilée
asola *f* (ribattuta a due filetti)
ojal *m* de vivos; ojal *m* viveado

478. French cuff
Doppelmanschette *f (durch Umschlagen)*
poignet *m* mousquetaire *(replié sur lui-même)*
polsino *m* doppio; polsino *m* gemello
puño *m* doble vuelto

479. French lining
Halbabfütterung *f (teilgefütterte Innenseite)*
demi-doublage *f*
mezza foderatura *f*; semifoderatura *f*
semiforro *m*

480. French seam
französische Naht *f (eine Kappnaht)*
couture *f* anglaise
cucitura *f* alla francese
costura *f* francesa; costura *f* de carga

481. French standard size
französische Normalgröße *f*
dimensions *mpl* standard en France
taglia *f* normalizzata francese
talla *f* standard francesa

482. fringe *v*
mit Fransen besetzen *v*
garnir *v* à franges
frangiare *v*; ornare *v* con frange o di frange
guarnecer *v* con flecos

483. frog *v*
mit Schnur besetzen *v*
garnir *v* à ficelle
guarnire *v* con cordoncino
guarnecer *v* con cordón

484. front edge *(of a garment item)*
Kante *f*/vordere *(vorderer Abschluss an Bekleidungsstücken, auch vordere Kante genannt)*

bord *m* de devant *(d'un vêtement)*
bordo *m* di davanti
canto *m* delantero

485. front edge binding
Vorderteil-Eckenband *n*
bolduc *m* du bord de devant; extra-fort *m* pour les devants
nastro *m* di rinforzo per gli orli dei davanti
ligueta *f* de cantos para delanteros

486. front edge seam *(not by ornamental stitching)*
Verstürznaht *f (Kantenverstürznaht)*
couture *f* d'union de la paramenture avec le devant
cucitura *f* di unione della paramontura con il davanti
costura *f* de unión de delantero y vista

487. front edge seam of facing
Besatzverstürznaht *f*
couture *f* de fourreau de la paramenture au devant
sopracucitura *f* (per fissare la) paramontura del davanti
costura *f* del canto delantero

488. front fly lining
Schlitzleisten-Gegenfutter *n (Hosenschlitzleisten-Gegenfutter)*
doublure *f* de contrebraguette
fodera *f* per controfinta bottoni *(dell'apertura dei calzoni)*
contraforro *m* de la tapeta de la bragueta

489. front fold line
Reversbesatz-Bruchlinie *f*
pliure *f* du bord de devant et du revers attenant
piega *f* del bordo del davanti della paramontura
línea *f* de quiebre de la solapa

490. front fusing
Frontfixieren *n*
thermofixage *m* du devant
termofissaggio *m* del davanti
termofijado *m* del delantero

491. front of the garment
Bekleidungsvorderteil *n*
devant *m* du vêtement
davanti *m* di vestito
delantero *m* de una prenda de vestir

492. front panel (of a dress)
Vorderbahn *f* (eines Kleides)
panneau *m* (de) devant (d'une robe)
pannello *m* davanti (dell'abito da donna)
panel *m* delantero (de un vestido)

493. front (part) *(left or right of an item)*
vordere Seite *f (linke oder rechte eines Kleidungstücks)*
devant *m*; partie *f* de devant *(partie antérieure, gauche ou droite, d'un vêtement)*
davanti *m*; parte *f* davanti
delantero *m*; parte *f* delantera

494. front (part) fold
Vorderumbruch *m*
pliure *f* du bord (de) devant
ripiega *f* del davanti e della paramontura attaccata
quiebre *m* del delantero

495. front point
spitzer Abstich *m*
bord *m* en pointe
orlo *m* a punta
borde *m* en punta

496. front stay tape
Vorderteil-Eckenband *n*
bolduc *m* du bord de devant; extra-fort *m* pour les devants
nastro *m* di rinforzo per gli orli dei davanti
ligueta *f* de cantos para delanteros

497. front waist length *(from the base of neckside to waist level)*
vordere Länge *f (vom Halsansatz/Schulter über den Brustpunkt bis zur Taillenumfanglinie)*
longueur *f* de la taille devant *(du point d'encolure jusqu'à la taille)*
lunghezza *f* davanti *(dell'attaccatura dal collo/spalla alla vita)*
largo *m* delantero de talle; largo *m* anterior de talle

498. front yoke
Vorderpasse *f*; Vorderteilsattel *m*
empiècement *m* de devant
sprone *m* davanti
canesú *m* delantero

499. fuller fit *(the cutt)*
weiter Schnitt *m*
coupe *f* ample
linea *f* larga *(termino di moda)*
corte *m* ancho

500. full lining
Ganzabfütterung *f*
doublure *f* complète
foderatura *f* completa
forro *m* completo; forrado *m* entero

501. fullness *(of a cut)*
Weite *f (Fertigmaß, einschl. der Überweite)*
ampleur *f (d'une coupe)*; largeur *f (d'une pièce de vêtement)*
ampiezza *f (del taglio)*; larghezza *f (dell' indumento)*
medida *f* de confección *(corte)*; contorno *m (de la prenda)*

502. fully-fashioned
fully-fashioned
fully-fashioned
fully-fashioned *(che segue bene la linea del corpo)*
menguado; hechurado

503. fully-fashion(ed) items *pl (coll)*
Bekleidungsteile *npl*/vollkonfektionierte *(Koll)*
pièces *fpl* entièrement confectionnées *(coll)*
pezzi *mpl* interamente confezionati
piezas *fpl* hechuradas de confección; componentes *mpl* enteramente terminados de confección

504. furbelows *pl*
Falbel *f (abgenähter Falten)*
falbalas *mpl*
falpalà *f*; balza *f*
volante *m*; faralá *m*

505. fur coat
Pelzmantel *m*
manteau *m* de fourrure
pelliccia *f (cappotto)*; cappotto *m* di pelliccia
abrigo *m* de piel

506. fur-lined
pelzgefüttert
doublé de fourrure
foderato di pelliccia
forrado de piel

507. fused collar
versiegelter Kragen *m*
col *m* thermocollé; col *m* thermosoudé
colletto *m* termocollato
cuello *m* termosellado; cuello *m* termofijado

G

508. gallooning
Galonieren *n (mit Tresse besetzen)*
galonnage *m*
gallonatura *f*
galoneadura *f*

509. garment *(pref)*
Bekleidung *f*
vêtement *m (ensemble des pièces d'habillement) (pref)*; habillement *m (ensemble de tous les vêtements et accessoires)*
abbigliamento *m (pref)*; vestiario *m*
ropa *f (coll)*; prendas *fpl* de vestir; vestuario *m*

510. garment component
Bekleidungsbestandteil *n*
composant *m* de vêtement
componente *m* di vestito
componente *m* de confección

511. garment finishing and ironing machine
Appretur- und Bügelmaschine *f* (für Kleidungsstücke)
machine *f* à apprêter et à repasser des vêtements
macchina *f* per apprettare e stirare
máquina *f* de aprestar y planchar; máquina *f* de finizaje

512. gathered seam
eingehaltene Naht *f*
couture *f* retenue
cucitura *f* per increspatura
costura *f* embebida

513. gathering foot
Kräuselfuß *m*
pied *m* fronceur
piedino *m* per increspatura
pie *m* fruncidor

514. gathering up
Raffen *n (der Länge nach)*
relevage *m*
sollevamento *m (nella lunghezza)*
fruncido *m*; embebido *m*

515. German standard size
deutsche Normalgröße *f*
dimensions *fpl* standard en Allemagne

taglia *f* normalizzata tedesca
talla *f* standard alemana

516. giant saddle stitch
großer Sattlerstich *m*
point *m* sellier géant
punto *m* di sellaio grossolano
puntada *f* grande de guarnicionero

517. girls' garment *(coll)*
Mädchenbekleidung *f (Koll)*
vêtement *m* (de) fille *(coll)*
abbigliamento *m* da ragazza *(coll)*;
vestiario *m* da ragazza *(coll)*
ropa *f* de niña *(col)*

518. girls' size
Mädchengröße *f*
taille *f* de fille
taglia *f* da ragazza
talla *f* de niña

519. girls' wear *(coll)*
Mädchenbekleidung *f (Koll)*
vêtement *m* (de) fille *(coll)*
abbigliamento *m* da ragazza *(coll)*;
vestiario *m* da ragazza *(coll)*
ropa *f* de niña *(col)*

520. girth
Umfang *m (äußere Umgrenzung des menschlichen Körpers, durch Rund-messung bestimmt)*
tour *m*
circonferenza *f*
perímetro *m*

521. glen (check)
Glencheck *m*
Glencheck *m (prince de Galles)*; prince de Galles *m*
principe *m* di Galles
príncipe *m* de Gales

522. glossy revers
glänzendes Revers *n*
revers *m* brillant
revers *m* lucido; risvolto *m* lucido
solapa *f* brillante

523. godet
Godet-Stück *n (dreieckiges Stoffteil)*
godet *m*
godet *m*; gherone *m*
gaya *f*; godet *m*

524. gore
Bahn *f* (eines Rockes)
lé *m*
pannello *m* (di gonna)
tabla *f* de falda

525. gored skirt
Bahnenrock *m*
jupe *f* à lés
gonna *f* a pannelli
falda *f* de tablas; falda *f* de paneles

526. gorge seam
Besatzspiegelnaht *f*
couture *f* anglaise *(de la paramenture)*
cucitura *f* specchio *(di paramontura)*
costura *f* de entradilla

527. grading
Gradieren *n (stufenweises Ableiten kleinerer und größerer Größen)*
graduation *f*
graduazione *f*
graduación *f*

528. great turn-down collar
Tellerkragen *m*
grand col *m* rabattu
colletto *m* grande a (forma di) piatto
cuello *m* de pala grande

529. guide eye
Führungsöse *f*
œillet *m* de guidage
occhiello *m* di guida
ojete-guía *m*

530. gusset
Einsatz *m (Stoffteil, das in einen Ausschnitt eingenäht wird)*; Keil *m (dreieckiges Schnittteil)*
empiècement *m*; soufflet *m (dans l'angle d'une fente)*; gousset *m (d'une manche)*
incrostazione *f*; gherone *m*; ritaglio *m* triangolare; tassello *m*
entredós *m*; aplique *m*; gaya *f*; cuchillo *m*; ensanche *m*; godet *m*

531. gymp
Gimpe *f*
guimpe *f* (de boutonnière); ganse *f*
cordoncino *m*
cordoncillo *m*

532. gymp(ed) buttonhole
Gimpelknopfloch *n*
boutonnière *f* à œillet renforcé à guimpe

asola *f* con cordoncino
ojal *m* con cordoncillo

533. gymp thread
Gimpelfaden *m*
fil *m* guimpe *(de boutonnière)*
filo *m* cordoncino
cordoncillo *m (de refuerzo para ojales)*

H

534. half-belt *(of the back)*
Rückengürtel *m*
martingale *f (formée d'une patte ou d'un ensemble de deux pattes)*
martingala *f*
martingala *f*; trabilla *f* de espalda

535. half cutting layout
Halbbild *n*
plan *m* de demi-coupe
piano *m* di mezzo taglio
semimarcada *f*

536. half-lined
halbgefüttert
mi-doublé; demi-doublé
semifoderato
semiforrado

537. half-lining
Halbabfütterung *f (teilgefütterte Innenseite)*
demi-doublage *f*
mezza foderatura *f*; semifoderatura *f*
semiforro *m*

538. half-revers
Halfspiegel *m*
demi-revers *m*
mezzo specchio *m*
media solapa *f*

539. half-sizes *pl*
Zwischengrößen *fpl*
tailles *fpl* intermédiaires
taglia *f* intermedia
tallas *fpl* intermedias

540. half-sleeve
halber Ärmel *m*; Halbarm...
(à) demi-manche
(a) mezza manica
(de) media manga

541. half-slip
Halbrock *m (mit Taillen-Gummizug)*
demi-jupon *m (de lingerie montée sur un élastique à la taille)*
mezza sottoveste *f*; mezza sottanina *f (con elastico)*
enagua *f*

542. half-slip pass-through
Halbrock-Durchzug *m*
entre-deux *m* de jupon
passaggio *m* della mezza sottoveste *(con elastico)*
pasada *f* de la enagua; dobladillo *m* ancho de la enagua

543. halter top dress
Sonnen-Top-Kleid *n (schulterlos)*
robe *f* bain-de-soleil
abito *m* da spiaggia prendisole
vestido *m* playero *(de hombros desnudos)*; vestido *m* top

544. hand-made buttonhole
handgemachtes Knopfloch *n*
boutonnière *f* (fait à la) main
asola *f* (fatta) a mano; bottoniera *f* (fatta) a mano
ojal *m* hecho a mano

545. hand-made ornamental stitch
Handzierstich *m*
point *m* ornemental à la main
punto *m* ornamentale a mano
puntada *f* decorativa a mano

546. handstitch
Handstich *m*
point *m* (à la) main
punto *m* a mano
puntada *f* a mano

547. hanging sleeve
Hängeärmel *m*
manche *f* suspendu
manicottolo *m*; manica *f* pendente
manga *f* colgante

548. haute couture
Haute-Couture *f (Modeschaffen)*
haute couture *f*
alta moda *f*; haute-couture *f*
alta costura *f*

549. head size
Kopfumfang *m*
tour *m* de la tête

circonferenza *f* del capo
circunferencia *f* de la cabeza

550. heart-shaped neckline
Cœur-Ausschnitt *m*
encolure *f* en cœur
scollatura *f* a cuore
escote *m* en forma de corazón; escote *m* profundo

551. heat sealable band
Fixierband *n* (aus Fixiereinlage zugeschnittenes Band, in Rolle)
ruban *m* pour thermofixage
nastro *m* (adesivo) per termofissaggio
cinta *f* termocolante

552. heat sealable interlining
heißsiegelbare Einlage *f*
triplure *f* thermosoudable; entoilage *m* thermosoudable
paramontura *f* termosaldabile; rinforzo *m* termosaldabile *(pref)*
entretela *f* termosellable

553. heat-sealed collar
versiegelter Kragen *m*
col *m* thermocollé; col *m* thermosoudé
colletto *m* termocollato
cuello *m* termosellado; cuello *m* termofijado

554. hem
Saum *m* (unterer Abschluss von Kleidern, Ärmeln und Hosenbeinen)
bas *m* (de jupe, veston, manteau etc.); ourlet *m* (préf)
fondo *m* (di un indumento); orlo *m* (di fondo)
dobladillo *m*; bajo *m*

555. hem *v*
besäumen *v*
ourler *v*
orlare *v*
dobladillar *v*

556. hem *v* **by hand**
säumen *v*/von Hand
ourler *v* (à la) main
orlare *v* a mano
dobladillar *v* a mano

557. hem *v* **in**
einsäumen *v*
ourler *v*
fare *v* un orlo; orlare *v*
dobladillar *v*

558. hemming *(pref)*
Säumen *n*
ourlage *m*
orlatura *f*
dobladillado *m*

559. hemming band
Saumband *n*
bande *f* à ourler
striscia *f* per orlatura
cinta *f* de dobladillar

560. hemming stitch
Saumstich *m*
point *m* de l'ourlet
punto *m* a orlo
puntada *f* de dobladillo

561. hem seam
Saumnaht *f*
couture *f* de l'ourlet
cucitura *f* dell'orlo
costura *f* del dobladillo

562. hem trimming
Säumen *n*
ourlage *m*
orlatura *f*
dobladillado *m*

563. hem turn-up
Saumeinschlag *m* (der nach innen offenkantig eingeschlagene Teil mit Verlängerungsmöglichkeit)
repli *m* du bas
piegatura *f* dell'orlo *(pref)*; ripiega *f* del fondo
doblez *m* del bajo

564. herringbone stitch
Hexenstich *m*; Grätenstich *m*; Fischgrätenstich *m*
point *m* russe *(décoratif)*; point *m* de chausson; point *m* d'arête; point *m* en chevron
punto *m* a spina di pesce; punto *m* strega
puntada *f* espina de pez; puntada *f* de espina; punto *m* ruso

565. high-brilliant silk revers
hochglänzender Seidenrevers *m*
revers *m* de soie à haut-brillant
revers *m* di seta molto lucente
solapa *f* de seda muy brillante

566. high-closed
hochgeschlossen
montant

accollato
de escote cerrado

567. high-closed crew [round] neckline
hochgeschlossener runder Ausschnitt *m*;
   hochgeschlossener Halsausschnitt *m*
encolure *f* montante ronde
scollatura *f* arrontondata accollata
escote *m* alto redondo; escote *m* cerrado
   redondo

568. high collar
Chinesenkragen *m*; hoher Kragen *m*
col *m* montant *(formé d'une bande cousue sur une encolure ronde)*; haut-col *m*
colletto *m* cinese; colletto *m* alto *(pref)*
cuello *m* levantado; cuello *m* alto

569. high-necked
hochgeschlossen
montant
accollato
de escote cerrado

570. high-necked neckline
steigender Ausschnitt *m*
encolure *f* montante *(prolongement vers le haut, qui forme un col non-rapporté)*
scollatura *f* montante
escote *m* ascendiente

571. hip depth
Hüfttiefe *f (vom Halswirbel bis zur stärksten Stelle des Hüftumfanges)*
profondeur *f* de la hanche
profondità *f* dei fianchi
profundidad *f* de las posaderas; largo *m* de cervical a posaderas

572. hip girth
Hüftumfang *m (der größte, waagerecht gemessene Umfang der Hüfte)*
tour *m* au niveau de la hanche
circonferenza *f* dei fianchi
circunferencia *f* de las posaderas

573. hip-length surcoat
Stutzer *m (Jäger-Kurzmantel mit der Länge oberhalb des Knies)*
mackinaw *m (canadianisme, désignant une veste-chemise de chasseur)*; manteau *m* court de chasseur
cappottino *m* da caccia
cazadora *f*

574. hip pocket
Gesäßtasche *f*
poche *f* fessière
tasca *f* posteriore
bolsillo *m* trasero

575. hole of the belt
Gürtelöse *f*
cran *m* de la ceinture *(préf)*; œillet *m* de la ceinture
buco *m* della cintura *(pref)*; foretto *m* della cintura
ojete *m* de cinturón

576. hollow band
Hohlband *n*; Hohlborte *f*
bande *f* creuse; tresse *f* creuse
nastro *m* cavo; treccia *f* cava
cinta *f* hueca; galón *m* hueco

577. hollow edge *(front edge)*
Hohlkante *f*
bord *m* creux
bordo *m* cavo
borde *m* hueco

578. hollow hem
Hohlsaum *m*
ourlet *m* à jour
orlo *m* a giorno
calado *m*; vainica *f*

579. homewear *(coll)*
Hauskleidung *f (Koll)*
vêtement *m* d'intérieur *(coll)*
abbigliamento *m* da casa *(coll)*; vestiti *mpl* da casa *(coll)*
prendas *fpl* de vestir en casa *(col)*

580. hood
Kapuze *f*
capuchon *m (préf)*; capuche *f (capuchon d'un vêtement imperméable ou se prolongeant par une pèlerine)*
cappuccio *m*
capucha *f*

581. hood(ed) dress
Kapuzenkleid *n*
robe *f* à capuchon
abito *m* con cappuccio *(da donna)*
vestido *m* con capucha

582. hook fastening
Hakenverschluss *m*
fermeture *f* à crochet
chiusura *f* a gancio
cierre *m* de gancho

583. hooks *pl* **and eyes** *pl*
Haken *mpl* und Ösen *fpl*
crochets *mpl* et œillets *mpl*
ganci *mpl* e occhielli *mpl*
ganchos *mpl* y ojetes *mpl*; broche *m* y corchete *m*

584. hook stitch
Hakenstich *m*
point *m* crochet
punto *m* gancio
puntada *f* de gancho

585. horsehair interlining
Rosshaar-Einlagestoff *m*
tissu *m* en crin de cheval pour triplure
tessuto *m* in crine di cavallo per paramontura
entretela *f* de crin *(de caballo)*

586. horseshoe neckline
Hufeisenausschnitt *m*
encolure *f* en fer à cheval
scollatura *f* a ferro di cavallo
escote *m* de herradura

587. house-coat
Hauskleid *n*
robe *f* d'intérieur *(longue, plus sobre que la robe d'hôtesse)*
abito *m* da casa *(da donna)*
vestido *m* casero

588. humidify *v*
befeuchten *v*
humidifier *v*
inumidire *v*; umettare *v*
humedecer *v*

I

589. imitation buttonhole *(gen)*
blindes Knopfloch *n*
fausse boutonnière *f*
bottoniera *f* finta
ojal *m* de imitación

590. imitation eyelet
blinde Öse *f*
œillet *m* caché
occhiello *m* cieco *(femminella)*; gangherella *f* cieca
ojete *m* de imitación; ojete *m* ciego

591. imitation lapel buttonhole
blindes Reversknopfloch *n*
fausse boutonnière *f* de revers
bottoniera *f* finta (del) revers; bottoniera *f* finta (del) risvolto
ojal *m* de solapa imitado; ojal *m* ciego de la solapa

592. imitation seam
Scheinnaht *f*
fausse couture *f*
cucitura *f* finta
costura *f* imitada; falsa costura *f*

593. indoor garment *(coll)*
Hauskleidung *f (Koll)*
vêtement *m* d'intérieur *(coll)*
abbigliamento *m* da casa *(coll)*; vestiti *mpl* da casa *(coll)*
prendas *fpl* de vestir en casa *(col)*

594. infants' garment *(coll)*
Kleinkinderbekleidung *f (Koll)*
vêtement *m* pour petits enfants *(coll)*
vestiario *m* per bambini *(coll)*
ropa *f* para niños *(col)*

595. infants' wear *(coll)*
Kleinkinderbekleidung *f (Koll)*
vêtement *m* pour petits enfants *(coll)*
vestiario *m* per bambini *(coll)*
ropa *f* para niños *(col)*

596. informal wear *(coll)*
informelle Kleidung *f (Koll)*
habillement *m* informel *(coll)*
vestiario *m* informale *(coll)*
ropa *f* informal *(col)*

597. inserted elastic lace
eingearbeitete Gummischnur *f*
lacet *m* inséré élastique
elastico *m* inserito
hilo *m* elástico insertado

598. insertion
Durchzug *m*
entre-deux *m*
guaina *f*; passaggio *m*
paso *m*; pasada *f*

599. inset pocket
eingesetzte Tasche *f*
poche *f* coupée
tasca *f* intagliata
bolsillo *m* insertado

600. inset sleeve
eingesetzter Ärmel *m*
manche *f* montée
manica *f* a giro applicata
manga *f* pegada; manga *f* insertada

601. inside breast pocket
Innenbrusttasche *f*
poche *f* (de) poitrine intérieure
tasca *f* di petto interna
bolsillo *m* de pecho interior

602. inside leg length
innere Beinlänge *f* *(einer Hose)*; Schritt-
höhe *f* *(als Körpermaß von der Rumpf-*
begrenzung bis zur Fußsohle)
longueur *f* d'enjambée; longueur *f* de la
partie interne des jambes *(qui va du*
corps jusqu'à la semelle)
lunghezza *f* interna della gamba *(dei*
pantaloni); lunghezza *f* interna della
gamba *(misura corporale)*
largo *m* de entrepiernas

603. inside lining
Innenfutter *n*
doublure *f* intérieure
fodera *f* interna
forro *m* interior

604. inside pocket *(pref)*
Innentasche *f*
poche *f* intérieure *(gen)*; poche *f* journal
(en pardessus)
tasca *f* interna
bolsillo *m* interior

605. inside seam of a facing
Besatzkantennaht *f*
couture *f* de paramenture rapportée
cucitura *f* di paramontura davanti
primera costura *f* de vista

606. interfacing
Einlage *f* *(aus einem Einlage-Stoff zu-*
geschnitter Bekleidungsbestandteil)
triplure *f* *(entre l'étoffe et la doublure pour*
donner du corps. Ex.: de col chemisier);
entoilage *m* *(Ex.: de veston)*; gros grain
m *(Ex.: de pantalon)*
paramontura *f* *(gen)*
entretela *f*; intertelado *m*; entretelado *m*

607. interlining
Einlage *f* *(aus einem Einlage-Stoff zuge-*
schnittener Bekleidungsbestandteil);
Zwischenfutter *n*

triplure *f* *(entre l'étoffe et la doublure pour*
donner du corps. Ex.: de col chemisier);
entoilage *m* *(Ex.: de veston)*; gros grain
m *(Ex.: de pantalon)*; entre-doublure *f*
paramontura *f* *(gen)*; controfodera *f*
entretela *f*; intertelado *m*; entretelado *m*;
contraforro *m*

608. interlining for heat sealing
Siegeleinlage *f*
renfort *m* pour thermocollage; triplure *f* à
thermocollage par points
rinforzo *m* per incollatura termica
entretela *f* de termofusión

609. interlining with wadding
Wattieren *n*
ouatage *m*
imbottitura *f*
acolchado *m*; enguatado *m*

610. interlock seam
Interlocknaht *f*
couture *f* interlock
cucitura *f* a sopraggitto interlock
costura *f* interlock

611. intermediate lay(er)
Zwischenlage *f*
couche *f* intermédiaire
strato *m* intermedio
copa *f* intermedia

612. intimates *pl (coll)*
Unterwäsche *f* *(Koll)*
linge *m* de corps *(coll)*; lingerie *f* *(coll)*
biancheria *f* (intima) *(coll)*
ropa *f* interior *(col)*; ropa *f* íntima *(col)*

613. inverted pleat
Quetschfalte *f* *(eine entgegengesetzt*
eingearbeitete Kellerfalte)
pli *m* rond *(inverse du pli creux; double*
contreposé à l'extérieur)
piega *f* inversa *(del ripiego spacco)*
pliegue *m* encontrado

614. invisible armhole facing
nichtsichtbarer Armlochbeleg *m*
propreté *f* non-apparente d'emmanchure
ripresa *f* invisibile della giromanica *(con*
applicazione di bordura in diritto filo)
refuerzo *m* de sisa invisible

615. iron finish(ing)
Finishbügeln *n* durch Handbügeln
achèvement *m* par repassage à la main

finissaggio *m* mediante stiratura a mano;
rifinitura *f* mediante stiratura a mano
acabado *m* con plancha a mano

616. ironing board
Bügelbrett *n*
planche *f* à repasser
asse *f* da stiro
tabla *f* de planchar

617. ironing cloth
Bügeltuch *n*
drap *m* de repassage
tela *f* da stiro
paño *m* de planchar

618. ironing dummy
Bügelbüste *f*
buste *m* de repassage
busto *m* da stiro
maniquí *m* de planchar

619. ironing pad
Bügelkissen *n*
molleton *m* de repassage
cuscinetto *m* da stiro
cojinete *m* de plancha

J

620. jacket *(man's)*
Jacke *f (Herrenjacke)*; Sakko *m (Straßen-
oder Sportsakko, der kein Anzugbestandteil ist; hat in der HAKA die Termini Jackett und Jacke überwiegend ersetzt)*
veste *f* d'homme *(la veste d'un complet
s'appelle veston et celle d'un tailleur
jaquette)*
giacca *f* da uomo
chaqueta *f (de caballero)*

621. jacket *(of lady's ensemble)*
Jacke *f (Damenjacke)*
jaquette *f (d'un ensemble pour dame)*
giacca *f (da donna)*
chaqueta *f (de señora)*

622. jeans *pl*
Jeanshose *f*
jean(s) *m*
jeans *m*
pantalón *m* vaquero; pantalón *m* tejano

623. joined *(e.g. facing to front)*
angesetzt *(z. B. Besatz oder Bund)*
rapporté; monté
rimesso
aplicado

624. joined lapel facing
Besatz *m*/angesetzter *(Reversbesatz)*
paramenture *f* haut revers rapportée
paramontura *f* rimessa del revers
vista *f (de la solapa)* aplicada

625. joining by seaming *(pref)*
Zusammennähen *n*
assemblage *m* par couture
assemblaggio *m* mediante cucitura
ensamblado *m* mediante costura

626. joining seam of collar and facing
Besatzkragennaht *f*
couture *f* du fourreau du dessous (de) col
cucitura *f* del rinforzo del sottocollo
costura *f* del refuerzo del cuello inferior

627. jumper
Chasuble *f (ärmellose und kragenlose
Damenjacke und -weste)*
chasuble *f (à encolure dégagée, sans
manches)*
abito *m* chasuble
chaleco *m (de señora)* tipo casulla; chasuble *m*

628. jumper (dress)
Jumperkleid *n*
chasuble *f (terme de mode)*; robe-cha-
suble *f (à encolure dégagée sans manches, portée sur un corsage)*
completo *m* jumper
conjunto *m* de falda y niqui

629. juniors' garment *(coll)*
Jugendbekleidung *f (Koll)*
vêtement *m* pour jeunes *(coll)*; vêtement
m pour adolescents *(coll)*
abbigliamento *m* per i giovani *(coll)*
ropa *f* juvenil *(col)*

K

630. kick pleat
Gehfalte *f*
pli *m* d'aisance

piega *f* di camminare *(permette di camminare in una gonna attillata)*
pliegue *m* de falda; pliegue *m* de vestido

631. kiddy's bib slacks *pl*
Latzhöschen *n*
culotte *f* à bavette d'enfant
pantaloncini *mpl* con pettino da bambino
pantaloncito *m* con peto

632. kitchen apron
Küchenschürze *f*
tablier *m* de cuisine
grembiule *m* da cucina
delantal *m* de cocina

633. knee breeches *pl (tight)*
Kniebundhose *f (mit Bundabschluss
unterhalb des Knies ohne Überfall)*
culotte *f* serrée au genou *(mais pas bouffante)*
calzoni *mpl* tesi, serrati sotto il ginocchio
pantalón *m* con perneras sujetas por
debajo de las rodillas

634. knee-length
knielang
arrivant jusqu'au genou
lungo fino al ginocchio
de largo hasta la rodilla

635. knee-length *(preconized by Coco
Chanel)*
Chanel-Länge *f*
chanel *m (longeur préconisée par Coco
Chanel)*
lunghezza *f* Chanel
largo *m* Chanel

636. knee measurement
Knieweite *f*
mesure *f* au niveau du genou
misura *f* del ginocchio
medida *f* de la rodilla

637. knitted waistband
Strickbund *m*
ceinture *f* tricotée
cintura *f* lavorata a maglia
cenefa *f* de punto

638. knurl stitch
Kordonnierstich *m*
point *m* de bourdon
punto *m* di cordoncino
puntada *f* de bordón; puntada *f* cordoné

L

639. labelling
Etikettieren *n*
étiquetage *m*
etichettatura *f*
etiquetado *m*

640. lace collar
Spitzenkragen *m*
col *m* en dentelle
colletto *m* di pizzo
cuello *m* de encaje

641. lace edging
Spitzenbesatz *m*
parementure *f* en dentelle
paramontura *f* di merletto
pasamano *m* de encaje

642. lace eyelet
Schnürloch *n*
œillet *m* à lacer
occhiello *m* per cordicella
ojete *m* para el cordón; ojal *m* para el
cordón

643. lace fastening
Schnurverschluss *m (an Kleidern)*
fermeture *f* à lacet
chiusura *f* per (mezzo di) allacciatura
cierre *m* acordonado

644. lace hem
Spitzensaum *m*
ourlet *m* de dentelle
orlo *m* di pizzo
dobladillo *m* de encaje

645. lace piping
Spitzenpaspel *f*
passepoil *m* de dentelle
filetto *m* di pizzo
vivo *m* de puntilla

646. lacing
Schnürung *f*
laçage *m (consiste en un lacet passé
dans des œillets)*
allacciatura *f*
acordonado *m*

647. ladder stitch
Leiterstich *m*
point *m* échelle
punto *m* a (forma di) scala
puntada *f* a escalera

648. ladies' bikini
Damenslip *m*
slip *m* de femme
slip *m* da donna
braguita *f*; braga *f* bikini

649. ladies' (bikini) panties *pl*
Damenslip *m*
slip *m* de femme
slip *m* da donna
braguita *f*; braga *f* bikini

650. ladies' briefs *pl*
Höschen *n (Damenhöschen)*
culotte *f* de femme *(retenu à la taille par un élastique)*
mutandine *fpl* da donna; calzoncini *mpl* da donna
fajita *f* panty

651. ladies' garment *(coll)*
Damenbekleidung *f (Koll)*
vêtement *m* pour femmes *(coll)*
vestito *m* da donna *(coll)*; vestiario *m* da donna *(coll)*
vestuario *m* para señora *(col)*; ropa *f* para señora *(col)*

652. ladies' making-up
Damenkonfektion *f (Tätigkeit)*
confection *f* pour femmes *(l'activité)*
confezione *f* di vestiario da donna *(la produzione)*
confección *f* de señora *(producción)*

653. ladies' needle trade *(AE)*
Damenkonfektion *f (Tätigkeit)*
confection *f* pour femmes *(l'activité)*
confezione *f* di vestiario da donna *(la produzione)*
confección *f* de señora *(producción)*

654. ladies' outerwear *(coll)*
Damenoberbekleidung *f*, DOB *f (Koll)*
vêtement *m* de dessus féminin *(coll)*
abbigliamento *m* esterno da donna *(coll)*; confezioni *fpl* (di vestiario) esterno da donna *(coll)*; confezioni *fpl* femminile esterni *(coll)*
ropa *f* exterior de señora *(col)*; confección *f* exterior femenina *(col)*

655. ladies' outsize
Damenübergröße *f*
très grande taille *f* de femme

taglia *f* da donna più grande del normale *(pref)*
talla *f* extra grande de señora

656. ladies' shirt
Damenhemd *n*
blouse *f* chemisier
camicetta *f* da donna
blusa *f* camisera; camisa *f* de señora

657. ladies' shirtwaist
Damenhemd *n*
blouse *f* chemisier
camicetta *f* da donna
blusa *f* camisera; camisa *f* de señora

658. ladies' size
Damengröße *f*
taille *f* de femme
taglia *f* da donna; misura *f* da donna
talla *f* de señora; medida *f* de señora

659. ladies' suit
Tailleur *m (pref) (auch Kostüm)*
tailleur *m*
tailleur *m*
traje *m* chaqueta *(para señora)*; traje *m* sastre *(para señora)*

660. ladies' underwear *(coll)*
Damenwäsche *f (Koll)*
lingerie *f* féminine *(coll)*; dessous *m* féminin *(coll)*
biancheria *f* (intima) da donna *(coll)*
ropa *f* íntima de señora *(col)*; lencería *f* *(col)*

661. ladies' wear *(coll)*
Damenbekleidung *f (Koll)*
vêtement *m* pour femmes *(coll)*
vestito *m* da donna *(coll)*; vestiario *m* da donna *(coll)*
vestuario *m* para señora *(col)*; ropa *f* para señora *(col)*

662. lapel
Revers *n (umgelegter Bereich des Fassons zwischen Spiegelnaht und Fasson-Auslauf)*
revers *m*
revers *m*; risvolto *m*
solapa *f*

663. lapel and collar *(as ensemble)*
Fasson *n (von der Schulternaht bis zum Fassonauslauf)*
revers *m* et col *m* *(l'ensemble)*

insieme *m* di collo e risvolto; risvolto *m* e colletto *m* *(l'insieme)*
solapa *f* y cuello *m*

664. lapel and collar fall
Fassonbruch *m*
cassure *f* du revers et col
piegatura *f* del risvolto e colletto
quiebre *m* de la solapa

665. lapel collar
Reverskragen *m*
col *m* de revers
colletto *m* del risvolto
cuello *m* de la solapa

666. lapel dart
Reversabnäher *m*
pince *f* de revers
pince *f* su risvolto; ripresa *f* su risvolto
pinza *f* de la solapa

667. lapel facing
Reversspiegel *m*
paramenture *f* du revers
specchio *m* del risvolto
entradilla *f*; espejo *m* de la solapa

668. lapel facing seam *(joining to coat front)*
Reversbesatz-Kantennaht *f*
couture *f* de fourreau du haut du revers rapporté
sopracucitura *f* per fissare la paramontura rimessa
costura *f* de unión de vista de solapa y delantero

669. lapping frame
Abstapelrahmen *m*
cadre *m* de l'empileur
telaio *m* per infaldare
cuadro *m* de apilar

670. largesize bartack
Großriegel *m*
bride *f* d'arrêt grand-format
grande travetta *f*
presilla *f* grande

671. lasting wrinkle
Zwickfalte *f*
pli *m* de montage
piega *f* di montaggio
pliegue *m* de montaje

672. launderfast *(AE)*
waschecht
solide au lavage
solido al lavaggio
sólido al lavado

673. laundering instructions *pl (AE)*
Waschanleitung *f*
instructions *fpl* de lavage
istruzioni *fpl* per lavaggio
instrucciones *fpl* de lavado

674. lay *v* (a fabric) on the double
doublieren *v*, doppeln *v (ungedoppelten Stoff der Länge nach auf die Hälfte falten)*
doubler *v* (un tissu)
binare *v*; doppiare *v* (un tessuto)
doblar *v* (el tejido)

675. lay(er) *(of a folded fabric)*
Lage *f (einer gelegten Stoffbahn)*
pli *m (metté avant la coupe)*; matelas *m (avant la coupe) (préf)*
materasso *m (di tessuto approntato per il taglio)*
capa *f*; extendido *m*

676. laying
Lagenlegen *n*
mise *f* en matelas; étalage *m* du matelas avant la coupe
approntamento *m* dei materassi (di tessuto); formazione *f* del materasso (di tessuto)
extendido *m* de las capas

677. laying machine
Legemaschine
metteuse *f* en plis; étaleuse *f*
macchina *f* per approntare materassi (di tessuti)
máquina *f* de extender *(tejidos)*

678. layout planning
Schnittbildplanung *f*
faire *v* le plan de coupe
pianificazione *f* del piano di taglio
planificación *f* de marcada

679. leather button
Lederknopf *m*
bouton *m* de cuir
bottone *m* di cuoio
botón *m* de cuero

680. leather coat
Ledermantel *m*
manteau *m* en peau
cappotto *m* di pelle
abrigo *m* de cuero

681. leg-of-mutton sleeve
Keulenärmel *m*
manche *f* gigot *(ample et bouffante, mais très ajustée, du coude au poignet)*
manica *f* a gigot; manica *f* a prosciutto
manga *f* abullonada

682. leg tab
Beinlasche *f*
patte *f* de réglage des jambes du pantalon; patte *f* de serrage *(du pantalon)* à la jambe
alamaro *m* stringi-gamba
ajustador *m* de pernera

683. leisure wear
Freizeitkleidung *f*
vêtement *m* de loisir
vestito *m* sportivo per il tempo libero *(coll)*; abbigliamento *m* sportivo per il tempo libero
vestuario *m* para tiempo libre

684. length
Länge *f*
longueur *f*
lunghezza *f*
largo *m*

685. lengthening
Längermachen *n*
rallongement *m*
allungamento *m* *(di un pezzo di vestito)*
alargamiento *m*

686. length measurements *pl*
Längenmaße *npl*
mesures *fpl* en long(ueur)
misure *fpl* di lunghezza
medidas *fpl* longitudinales

687. length of leg *(of trousers)*
Beinlänge *f* *(Hosenbeinlänge)*
longueur *f* de la jambe (de pantalon)
lunghezza *f* della gamba (dei pantaloni)
largo *m* de pernera

688. length of pant leg *(AE)*
Hosenbeinlänge *f*
longueur *f* de la jambe (de pantalon)
lunghezza *f* della gamba dei pantaloni
largo *m* de pernera

689. length of trouser leg
Hosenbeinlänge *f*
longueur *f* de la jambe (de pantalon)
lunghezza *f* della gamba dei pantaloni
largo *m* de pernera

690. let-in piece
Keil *m* *(dreieckiges Schnittteil)*
soufflet *m* *(dans l'angle d'une fente)*; gousset *m* *(d'une manche)*
gherone *m*; ritaglio *m* triangolare; tassello *m*
gaya *f*; cuchillo *m*; ensanche *m*; godet *m*

691. liberty bodice
Leibchen *n*
corselet *m* léger
bustino *m* leggero
corpiño *m*

692. line *v*
füttern *v*
doubler *v* *(le vêtement)*
foderare *v*
forrar *v*

693. line *v (the clothing)*
abfüttern *v* *(Einarbeiten von Futter)*
doubler *v* *(l'habillement)*
foderare *v*
forrar *v*

694. line *v* **with fur**
mit Pelz füttern *n*
doubler *v* à fourrure
foderare *v* con pelliccia
forrar *v* con piel

695. lined
gefüttert
doublé
foderato
forrado

696. lining *(liner)*
Futter *n*
doublure *f*
fodera *f*
forro *m*

697. lining *(the activity of)*
Abfütterung *f*
doublage *f*
foderatura *f*
forrado *m*

53

698. linings *pl*
Futterstoff *m*
tissu *m* pour doublure
foderame *m*; tessuto *m* da fodera
género *m* para forro

699. lockstitch
Steppstich *m*
point *m* noué
punto *m* annodato
pespunte *m*

700. lockstitch seam
Steppnaht *f*
couture *f* à point noué
cucitura *f* a punto annodato *(trapuntata o impuntata)*
costura *f* de pespunte

701. loden coat
Lodenmantel *m*
manteau *m* (de) de loden
cappotto *m* (di) loden
(abrigo) loden *m*

702. longitudinal opening
Längsschlitz *m (An- und Auskleide-schlitz)*
ouverture *f* longitudinale *(pour mettre facilement une robe)*
apertura *f* longitudinale *(per indossare facilmente un indumento)*
abertura *f* longitudinal *(para poner y desvestir una prenda)*

703. longitudinal seam
Längsnaht *f*
couture *f* longitudinale
cucitura *f* longitudinale
costura *f* longitudinal

704. longitudinal vent
Längsschlitz *m (für Bewegungsfreiheit)*
fente *f* longitudinale
spacco *m* longitudinale *(per la libertà di movimento)*
abertura *f* longitudinal *(para libertad de movimiento)*

705. loop
Lasche *f*
bride *f*; éclisse *f*
tesa *f*; coprigiunto *m*
lengüeta *f*

706. loop closure
Schlingenverschluss *m*
fermeture *f* à bride

chiusura *f* a cappio
cierre *m* de lazo

707. looping
Ketteln *n*
remmaillage *m*
rimagliatura *f*
remallado *m*

708. looping seam
Kettelnaht *f*
couture *f* de remmaillage
cucitura *f* a cappio
costura *f* remallada

709. loop stitch
Kettelstich *m*
point *m* de remmaillage
punto *m* a cappio
puntada *f* remallada

710. loose-fitting
körperweit *(nicht richtig weit)*
loin du corps *(non ajusté, mais aussi pas véritablement ample)*
lento *(non aderente)*
suelto; no ajustado

711. loose-fitting dress
Hängerkleid *n*
robe *f* vague *(très ample, de forme floue)*
abito *m* a sacco *(da donna)*
vestido *m* saco

712. loose stitch
lockerer Stich *m*
point *m* peu serré
punto *m* lento
puntada *f* suelta; puntada *f* floja

713. low-cut décolleté
tiefes Dekolleté *n*
décolleté *m* profond ou prononcé
décolleté *m* molto profondo
escote *m* profundo

714. low-cut neckline
Ausschnitt *m*/tiefer
décolleté *m*
décolleté *m*; scollatura *f* profonda
escote *m* profundo

715. lumberjack
Ärmelweste *f*
veste-blouson *f*
giubbetto *m*
blusón *m*

M

716. mac *(mackintosh)*
Regenmantel *m*
manteau *m* imperméable; manteau *m* de
pluie; imperméable *m*
impermeabile *m*
impermeable *m*; trinchera *f*

717. machine-made buttonhole
Maschinenknopfloch *n*
boutonnière *f* (faite à la) machine
asola *f* a macchina
ojal *m* hecho a máquina

718. machine operating
Maschinenbedienung *f*
faire *v* marcher *(une machine)*
condotta *f* di una macchina
manejo *m* de una máquina

719. machine plied yarn
Nähmaschinenzwirn *m*
retors *m* pour machines à coudre
filo *m* ritorto per la macchina per cucire
torzal *m* para máquinas de coser

720. machine seam
Maschinennaht *f*
couture *f* de machine
cucitura *f* a macchina *(l'effetto)*
costura *f* a máquina

721. machine stitch
Maschinenstich *m*
point *m* à la machine
punto *m* a macchina
puntada *f* a máquina

722. mackinaw coat *(AE)*
Stutzer *m* *(Jäger-Kurzmantel mit der
Länge oberhalb des Knies)*
mackinaw *m* *(canadianisme, désignant
une veste-chemise de chasseur)*; manteau *m* court de chasseur
cappottino *m* da caccia
cazadora *f*

723. made-to-measure
maßgeschneidert
sur mesure
su misura
confeccionado a medida

724. made-to-measure making-up
Maßkonfektion *f*

confection *f* sur mesure
confezione *f* su misura
confección *f* a medida

725. made-to-order suit
Maßanzug *m*
costume *m* sur mesure *(suivant les mesures d'une personne)*
abito *m* completo su misura *(da uomo)*
traje *m* a medida

726. magnet neckline
Magnetausschnitt *m*
encolure *f* en aimant
scollatura *f* (a forma di) magnete
escote *m* en forma de imán

727. main interlining
Ganzeinlage *f*
triplure *f* complète
paramontura *f* completa; canapa *f* completa
entretela *f* entera

728. making-up
Konfektion *f* *(die Herstellung)*
confection *f* *(la fabrication)*
confezione *f* *(la fabbricazione)*
confección *f* *(la fabricación)*

729. making-up machine
Bekleidungsmaschine *f*
machine *f* pour la confection (de l'habillement)
macchina *f* di confezione
máquina *f* de confección

730. marking drill for fabric layers
Markierbohrer *m* für Gewebelagen
poinçon *m* de marquage pour couches
de tissu
trapano *m* di tracciatura per strati di tessuto
punzón *m* de taladrar para tejidos

731. mark-stitching *pl*
Markiernaht *f*
couture *f* de marquage
cucitura *f* di tracciatura
costura *f* de marcar

732. martingale
Rückengürtel *m*
martingale *f* *(formée d'une patte ou d'un
ensemble de deux pattes)*
martingala *f*
martingala *f*; trabilla *f* de espalda

733. maternity dress
Umstandskleid *n*
robe *f* de maternité; robe *f* pour future
maman
abito *m* per gestanti; abito *m* premaman
vestido *m* premamá

734. measuring
Messen *n (Körper- und Bekleidungs-
maße)*
mesurage *m (d'un vêtement ou d'une
partie du corps)*
misurazione *f (del vestito o del corpo)*
toma *f* de medidas

735. measuring tape
Messband *n*
mètre-ruban *m*
metro *m* a nastro
cinta *f* métrica

736. medium size
Mittelgröße *f*
taille *f* moyenne
taglia *f* media
talla *f* mediana

737. men's and boy's outerwear *(coll)*
Herren- und Knabenoberbekleidung *f,*
HAKA *f (Koll)*
vêtement *m* de dessus pour hommes et
garçons *(coll)*
vestiario *m* esterno da uomo e da ragazzo *(coll)*; vestiti *mpl* esterni da uomo e
da ragazzo *(coll)*
ropa *f* exterior masculina *(col)*; ropa *f*
exterior para caballeros y chicos *(col)*

738. men's garment *(coll)*
Herrenbekleidung *f (Koll)*
vêtement *m* d'homme *(coll)*
vestiario *m* maschile *(coll)*
ropa *f* masculina; prendas *fpl* de vestir
para caballero *(col)*

739. men's linen *(coll)*
Herrenunterwäsche *f (Koll)*
lingerie *f* pour hommes *(coll)*; sous-
vêtement *m* pour hommes *(coll)*
biancheria *f* (intima) da uomo *(coll)*; ma-
glieria *f* (intima) da uomo *(coll)*
ropa *f* interior masculina

740. men's look blouse
Hemdbluse *f*
blouse-chemise *f*; chemisier *m (corsage
rappelant une chemise d'homme)*

camicetta *f (tipo uomo)*
blusa *f* camisera

741. men's outerwear *(coll)*
Herrenoberbekleidung *f (Koll)*
vêtement *m* masculin de dessus *(coll)*
abbigliamento *m* esterno da uomo *(coll)*
ropa *f* exterior masculina *(col)*

742. men's ready-made clothing
Herrenkonfektion *f (Erzeugnis)*
confection *f* pour hommes *(le produit fini)*
confezioni *fpl* maschili
confección *f* de prendas masculinas

743. men's ready-to-wear
Herrenkonfektion *f (Erzeugnis)*
confection *f* pour hommes *(le produit fini)*
confezioni *fpl* maschili
confección *f* de prendas masculinas

744. men's shirt
Herrenhemd *n*
chemise *f* d'homme
camicia *f* da uomo
camisa *f* de caballero

745. men's size
Herrengröße *f*
taille *f* d'homme
taglia *f* da uomo
talla *f* de caballero

746. men's underclothing *(coll)*
Herrenunterwäsche *f (Koll)*
lingerie *f* pour hommes *(coll)*; sous-vêtement *m* pour hommes *(coll)*
biancheria *f* (intima) da uomo *(coll)*; ma-
glieria *f* (intima) da uomo *(coll)*
ropa *f* interior masculina

747. men's underwear *(coll)*
Herrenunterwäsche *f (Koll)*
lingerie *f* pour hommes *(coll)*; sous-
vêtement *m* pour hommes *(coll)*
biancheria *f* (intima) da uomo *(coll)*; ma-
glieria *f* (intima) da uomo *(coll)*
ropa *f* interior masculina

748. men's wear *(coll)*
Herrenbekleidung *f (Koll)*
vêtement *m* d'homme *(coll)*
vestiario *m* maschile *(coll)*
ropa *f* masculina; prendas *fpl* de vestir
para caballero *(col)*

Merrow stitch

749. Merrow stitch
Merrowstich *m*
point *m* Merrow
punto *m* Merrow
puntada *f* Merrow

750. metallized *(fibres)*
leonisch
métallisé *(fibres)*
metallizzato *(fibre)*
metalizado

751. minimum-iron
bügelleicht
à repassage léger; facile à repasser
che si stira facilmente; facile da stirare
fácil de planchar

752. minimum measures *pl*
Mindestmaße *npl*
mesures *fpl* minimes; mesures *fpl* plus
  petites
misure *fpl* minime
medidas *fpl* mínimas

753. missing stitch
Fehlstich *m (keine Verschlingung zwischen den Nähfäden)*
point *m* manqué
punto *m* saltato
puntada *f* saltada; puntada *f* fallada

754. mock safety stitch
imitierter Sicherheitsstich *m*
faux-point *m* de couture et surjet simultanés
punto *m* di sicurezza finto
puntada *f* de seguridad imitada

755. mock seam
Scheinnaht *f*; imitierte Naht *f*
fausse couture *f*
cucitura *f* finta; finta-cucitura *f*
falsa costura *f*

756. model
Modell *n (Gesamtbild (Design) eines
  Bekleidungsstückes)*
modèle *m*
modello *m (prototipo)*
modelo *m*

757. model dress
Modellkleid *n*
robe-modèle *f*
abito *m* modello *(da donna)*
vestido *m* modelo

758. moss stitch
Moosstich *m*
point *m* mousse
punto *m* muschio
puntada *f* musgo

759. mother (cutting) pattern
Mutterschnittmuster *n*
patron *m* (de coupe) mère
cartamodello *m(f)* madre *(per taglio)*
muestra *f* del patrón base; muestra *f* del
  patrón maestro

760. mounted lace
Spitze *f*/aufgesetzte
dentelle *f* montée
pizzo *m* applicato
puntilla *f* aplicada

761. multi-needle stitching *(ornamental)*
Steppen *n (von Ziernähten)*
piqûre *f* (d'ornementation) *(l'activité)*
impuntura *f* ornamentale
pespunteado *m (ornamental)*; cosido *m*
  ornamental

762. multiple seam
Mehrfachnaht *f*
piqûre *f* multiple
cucitura *f* multipla
costura *f* múltiple

763. multi-pocket
Multi-Pocket-Tasche *f*; Mehrwegtasche *f*
poche *f* multiple
tasca *f* multipla
bolsa *f* múltiple; bolsillo *m* múltiple

764. multipurpose sewing machine
Mehrzweck-Nähmaschine *f*
machine *f* à coudre universelle
macchina *f* per cucire universale
máquina *f* de coser universal

765. multi-step zigzag stitch
Mehrstich-Zickzackstich *m*
point *m* en zigzag multistep; boutage *m*
  en zigzag multistep
punto *m* a zigzag multiplo
puntada *f* zigzag múltiple

766. multi-way (patch) pocket
Multi-Pocket-Tasche *f*; Mehrwegtasche *f*
poche *f* multiple
tasca *f* multipla
bolsa *f* múltiple; bolsillo *m* múltiple

N

767. neck-distant collar
halsentfernter Kragen *m*
col *m* loin de cou
colletto *m* distante dal collo; colletto *m*
   scostato
cuello *m* holgado

768. neck facing seam
Halsringversäuberung *f*
couture *f* de propreté d'encolure
cucitura *f* di attaccatura della scollatura
acabado *m* del escote

769. neck finishing binding *(or facing)*
Halsschrägband *n (Einfassband)*
biais *m* d'encolure; bande *f* de propreté
   d'encolure apparente
ripresa *f* del girocollo
cinta *f* al biés para escote *(ribete)*

770. neckhole
Ausschnitt *m (Halsabschluss)*
encolure *f*
scollatura *f*
escote *m*

771. neck(line) *(pref)*
Ausschnitt *m (Halsabschluss)*
encolure *f*
scollatura *f*
escote *m*

772. neck measurement
Halsgröße *f*
mesure *f* du cou
misura *f* del collo
medida *f* del cuello

773. neck opening
Ausschnitt *m (Halsabschluss)*
encolure *f*
scollatura *f*
escote *m*

774. neckpiece *(collar and facing)*
Halsbesatz *m*
fourreau *m* du dessus de col
rinforzo *m* del sottocollo
refuerzo *m* del cuello inferior

775. neck size *(pref)*
Halsgröße *f*
mesure *f* du cou
misura *f* del collo
medida *f* del cuello

776. needle
Nadel *f*
aiguille *f*
ago *m*
aguja *f*

777. needle eye
Nadelöhr *n*
chas *m* de l'aiguille
cruna *f* dell'ago
ojo *m* de la aguja; orificio *m* de la aguja

778. needle fineness
Nadelfeinheit *f (auch Nadelnummer)*
finesse *f* de l'aiguille
finezza *f* dell'ago
finura *f* de la aguja; delgadez *f* de la
   aguja

779. needle groove
Nadelrinne *f*
gorge *f* de l'aiguille
scanalatura *f* dell'ago
ranura *f* de la aguja; canal *m* de la aguja

780. needle heel
Nadelkolben *m*
pied *m* de l'aiguille
piede *m* dell'ago
pie *m* (de la aguja)

781. needle penetration
Nadeleinstich *m*
pénétration *f* de l'aiguille
penetrazione *m* dell'ago *(nel tessuto)*
penetración *f* de la aguja

782. needle positioning
Nadelpositionierung *f*
positionnement *m* de l'aiguille
posizionamento *m* dell'ago
posicionado *m* de la aguja

783. needle scarf
Nadelschlitz *m*
entaille *f* de l'aiguille
intaglio *m* dell'ago
hendidura *f* de la aguja

784. needle shank
Nadelschaft *f*
tige *f* de l'aiguille; fût *m* de l'aiguille (à
   coudre)
stelo *m* dell'ago; asta *f* dell'ago
hoja *f* de la aguja; caña *f* de la aguja;
   vástago *m* de la aguja

785. needle size
Nadelnummer f (in Nm)
numéro m de l'aiguille
numero m dell'ago (la misura)
número m de la aguja

786. needle stitch
Nadelstich
point m d'aiguille
punto m di cucito
puntada f de aguja

787. needle thread
Nadelfaden m
fil m d'aiguille
filo m dell'ago
hilo m de la aguja

788. needle thread (of sewing machine)
Oberfaden m (der Nähmaschine)
fil m d'aiguille (de la machine à coudre)
filo m dell'ago (della macchina per cucire)
hilo m de la aguja (de la máquina de coser)

789. needle thread tension
Nadelfadenspannung f; Oberfadenspannung f
tension f du fil d'aiguille
tensione f del filo superiore; tensione f del filo dell'ago
tensión f del hilo de la aguja; tensión f del hilo superior

790. needle thread tension control
Nadelfadenspannungs-Regelung f
réglage m de la tension du fil d'aiguille
regolazione f della tensione del filo dell'ago
regulación f de la tensión del hilo de la aguja

791. needle-trade (AE)
Konfektion f (die Herstellung)
confection f (la fabrication)
confezione f (la fabbricazione)
confección f (la fabricación)

792. needlework
Nadelarbeit f
ouvrage m à l'aiguille
lavoro m ad ago
labor f de aguja

793. nightdress (lady's and child's)
Nachthemd n
chemise f de nuit
camicia f da notte
camisón m (de señora); camisa f de cama (de caballero)

794. nightgown
Nachthemd n
chemise f de nuit
camicia f da notte
camisón m (de señora); camisa f de cama (de caballero)

795. night lingerie (coll)
Nachtwäsche f (Koll)
lingerie f de nuit (coll)
biancheria f (personale) per la notte (coll)
prendas fpl de dormir (col)

796. nightrobe (AE)
Nachthemd n
chemise f de nuit
camicia f da notte
camisón m (de señora); camisa f de cama (de caballero)

797. nightshirt (men's)
Nachthemd n
chemise f de nuit
camicia f da notte
camisón m (de señora); camisa f de cama (de caballero)

798. nightwear (coll)
Nachtwäsche f (Koll)
lingerie f de nuit (coll)
biancheria f (personale) per la notte (coll)
prendas fpl de dormir (col)

799. non-iron
bügelfrei
ne pas repasser
non stiro
sin planchar; lavar y poner

800. non-ironed pleat
ungebügelte Falte f
pli m non-repassé
piega f non stirata
pliegue m no planchado

801. normal size
normale Größe f
taille f normale
taglia f normale
talla f normal

802. no size
größenlos
sans pointure

senza taglia
sin talla

803. notch *(of collar)*
Abstich *m (Kragenabstich)*
entaille *f (du col)*
intaglio *m (del colletto)*
borde *m (del cuello)*

804. notched collar
angeschnittener Kragen *m*
col *m* cranté
colletto *m* intagliato
cuello *m* no postizo

805. notch lapel
abfallendes Revers *n*
cran *m* ouvert ou baissé; revers *m* ouvert
risvolto *m* aperto
cran *m* abierto; solapa *f* de punta descendiente

806. notch revers
fallendes Revers *n*
cran *m* ouvert ou baissé
risvolto *m* aperto; revers *m* aperto
solapa *f* de punta descendiente; cran *m*
abierto

O

807. off-the-peg
Fertig... *(z. B. Fertiganzug)*; von der Stan-
ge
tout fait; de confection
confezionato; di confezione; bell'e pronto
(abito); pronto confezionato
confeccionado; de confección

808. off-the-shoulder dress
schulterfreies Kleid *n*
robe *f* à épaules dégagées
abito *m* che lascia scoperte le spalle
vestido *m* de hombros desnudos

809. one-piece
Einteiler *m*
une-pièce *f*
vestito *m* di un solo pezzo
prenda *f* de una sola pieza

810. one-piece
einteilig
en une pièce

a un pezzo *(pref)*; di un solo pezzo;
monopezzo
de una sola pieza

811. one-piece sleeve
Einnähärmel *m*
manche *f* à une-pièce ou en une pièce
manica *f* monopezzo
manga *f* de una pieza

812. one-side(d)
einseitig
à un côté
a un solo lato
a un solo lado; unilateral

813. opening
Schlitz *m (An- und Auskleideschlitz)*
taillade *f (pour mettre facilement une
robe)*; ouverture *m*
intaglio *m (per indossare facilmente un
abito)*; apertura *f (pref)*
abertura *f (para poner y quitar una prenda)*

814. open square neckline
Ausschnitt *m*/rechteckiger *(Halsabschluss)*
encolure *f* rectangulaire
scollatura *f* rettangolare
escote *m* rectangular

815. open width cuttling
Breitfaltenlegen *n*
mise *f* en plis au large
infaldatura *f* in largo
plegado *m* ancho

816. open width plaiting
Breitfaltenlegen *n*
mise *f* en plis au large
infaldatura *f* in largo
plegado *m* ancho

817. open-wing collar
Schillerkragen *m*
col *m* Danton
colletto *m* alla Robespierre
cuello *m* vuelto ancho

818. operate *v (a machine)*
bedienen *v (eine Maschine)*
faire *v* marcher *(une machine)*
fare *v* funzionare *(una macchina)*
operar *v (con una máquina)*; manejar *v
(una máquina)*

819. ornamental seam
Ziernaht *f (mit zierender oder Halte- und Befestigungs-Funktion) (allg)*; gesteppte Ziernaht *f*
piqûre *f* ornementale, piqûre *f* d'ornementation *(le résultat)*; piqûre *f* fantaisie *(préf)*
cucitura *f* ornamentale (trapunta)
costura *f* ornamental (pespunteada); costura *f* decorativa

820. outer garment *(coll)*
Oberbekleidung *f (Koll)*
vêtement *m* (de) dessus; survêtement *m (coll)*
vestiario *m* esterno *(coll)*; indumento *m* esterno *(coll)*
ropa *f* exterior *(col)*

821. outerwear *(coll)*
Oberbekleidung *f (Koll)*
vêtement *m* (de) dessus; survêtement *m (coll)*
vestiario *m* esterno *(coll)*; indumento *m* esterno *(coll)*
ropa *f* exterior *(col)*

822. outerwear manufacturing machine
Maschine *f* zur Herstellung von Oberbekleidung
machine *f* pour la confection des survêtements
macchina *f* per la confezione di indumenti esterni
máquina *f* para la confección de ropa exterior

823. outside breast pocket
äußere Büstentasche *f*
poche *f* poitrine extérieure
taschino *m* di petto esterno; tasca *f* di petto esterna
bolsillo *m* de pecho exterior

824. outside collar
Oberkragen *m (Teil des Kragens, der nach außen hin sichtbar ist)*
dessus *m* (de) col
sopraccollo *m*
cuello *m* superior; tapa *f* del cuello

825. outside leg length *(measured from the waistline)*
Beinlänge *f*/äußere *(von Taille bis Fußhöhe)*
longueur *f* extérieure de la jambe *(mesurée de la taille)*
lunghezza *f* esterna della gamba *(dalla vita alla pianta)*
altura *f* lateral de talle

826. overclothes *pl (coll) (AE)*
Oberbekleidung *f (Koll)*
vêtement *m* (de) dessus; survêtement *m (coll)*
vestiario *m* esterno *(coll)*; indumento *m* esterno *(coll)*
ropa *f* exterior *(col)*

827. overedge seam *(AE)*
Überwendlichnaht *f (Umstechen von Nähgutkanten vor der Verbindungsnaht)*
couture *f* à point de surjet *(le résultat)*; couture *f* en surjet
cucitura *f* a sopraggitto *(il risultato)*
costura *f* overlock; costura *f* de sobrehilado

828. overedging *(to make a seam frayproof)*
Versäubern *n (von Nähgutkanten und Nähgutteilen gegen Ausfransen)*
surfilage *m (contre l'effilochement)*
cucitura *f* a sopraggitto contro la sfilacciatura
sobrehilado *m*

829. over garment *(coll)*
Oberbekleidung *f (Koll)*
vêtement *m* (de) dessus; survêtement *m (coll)*
vestiario *m* esterno *(coll)*; indumento *m* esterno *(coll)*
ropa *f* exterior *(col)*

830. overlapped seam
Überlapp(ungs)naht *f (die Nähgutkanten liegen offenkantig übereinander)*
couture *f* superposée
cucitura *f* sovrapposizionata
costura *f* sobrepuesta

831. overlay edge of a gusset or of a crotch
Einsatzkante *f*
lisière *f* d'empiècement
lisiera *f* sovraccoperta dell'incrostazione
orilla *f* del aplique; canto *m* del aplique

832. overlock seam
Overlocknaht *f*; Überwendlichnaht *f (Umstechen von Nähgutkanten vor der Verbindungsnaht)*

couture f à point (de) surjet *(le résultat)*;
couture f en surjet
cucitura f a sopraggitto *(overlock)*
costura f overlock; costura f de sobre-
hilar; costura f de sobrehilado

833. overshirt *(obs)*
Oberhemd n *(veraltet; Herrenhemd in
klassischer Schnittgestaltung; Kurz-
form: Hemd)*
chemise f de dessus *(obs)*
camicia f (da giorno)
camisa f *(clásica)*

834. oversize
Übergröße f *(auf extremen Maßen basie-
rend, einschließlich den Bauchgrößen)*
pointure f extra-grande *(de gants, de
cols)*; grande taille f *(d'habillement)*
taglia f eccezionale; taglia f più grande
del normale
talla f extra grande

835. overskirt *(obs)*
Überrock m *(veraltet)*
jupe f de dessus *(obs)*
sopraggonna f *(ant)*
faldón m *(ant)*

P

836. pad *(for shoulders)*
Schulterpolster n
coussin m d'épaule; épaulette f *(pièce
rembourrée à l'intérieur des épaules)*
imbottitura f alle spalle
hombrera f

837. padded
gepolstert
rembourré
imbottito
acolchado

838. padded seam
Pikiernaht f *(zur Verbindung von Einlagen
mit den Oberstoffen durch Pikierstiche)*
couture f piquée
cucitura f a punto catenella invisibile *(per
la picchettatura)*
costura f picada *(invisible)*

839. padding out
Wattieren n
ouatage m
imbottitura f
acolchado m; enguatado m

840. padding stitch
Pikierstich m *(an der Oberstoff-Außen-
seite nicht sichtbar)*
point m piqué
punto m catenella invisibile *(per la picchettatura)*
puntada f de picado *(invisible)*

841. pajamas *pl (AE)*
Pyjama m; Schlafanzug m
pyjama pl
pigiama pl
pijama m

842. pantaloons *(AE)*
Hose f
pantalon m
pantaloni mpl; calzoni mpl
pantalón m

843. panties *pl (ladies')*
Damenschlüpfer m; Höschen n
pantalettes fpl; culotte f de femme *(retenu
à la taille par un élastique)*
mutande fpl da donna; mutandine fpl da
donna; calzoncini mpl da donna
bragas fpl; fajita f panty

844. pant leg *(AE)*
Hosenbein n
jambe f de pantalon
gamba f dei calzoni
pernera f *(del pantalón)*

845. pants *(AE)*
Hose f
pantalon m
pantaloni mpl; calzoni mpl
pantalón m

846. pant skirt *(AE)*
Hosenrock m
jupe-culotte f
gonna-pantalone f
falda f pantalón

847. partial lined
teilgefüttert
doublé partiel
semifoderato
semiforrado

848. partial overlapped sewing
teilüberlapptes Nähen *n*
couture *f* partiellement superposée *(le processus)*
cucitura *f* parziale sovrapposizionata *(l'azione)*
costura *f* parcialmente solapada; costura *f* parcialmente compaginada

849. passement or passament *(coll)*
Posamenten *npl (Koll)*
passement *m (coll)*
passamento *m (coll)*
pasamanería *f (col)*

850. pass-through *v* **(the thread)**
durchziehen *f*/den Faden
fair *v* passer (le fil)
infilare *v (il filo nella cruna)*
hacer *v* pasar (el hilo)

851. patch(ed) *(e.g. pocket)*
aufgesetzt *(z. B. Tasche)*
plaqué *(par ex. une poche)*; rapporté *(par ex. une ceinture)*
applicato *(un taschino)*
aplicado *(por ej. un bolsillo)*; sobrepuesto

852. patch-up *v*
Stückeln *n* (durch Zusammennähen)
assemblage *m* des plusieurs morceaux (par couture)
rappezzatura *f*
empalme *m* de trozos; unión *f* de trozos

853. pattern *(of model)*
Schnittmuster *n*
patron *m*
cartamodello *m(f)*
patrón *m*

854. pattern grading
Schnittmustergradierung *f*
graduation *f* de patrons
graduazione *f* dei cartamodelli
graduación *f* de patrones; escalado *m* de patrones

855. pattern marker
Schnittkanten-Markiergerät *n (zum Markieren an der Schnittschablone)*
marqueur *m* de patrons
apparecchio *m* per marcare i modelli da taglio
aparato *m* marcador de cantos; marcador *m* de patrones

856. pattern repeat
Musterrapport *m*
répétition *f* du dessin
ripetizione *f* del disegno
repetición *f* del dibujo

857. peak lapel
Revers *n*/steigendes
cran *m* à pointe; revers *m* serré; cran *m* aigu *(préf)*; revers *m* à pointe
risvolto *m* a lancia; risvolto *m* a punta ascendente
solapa *f* de punta ascendiente; cran *m* cerrado

858. pedal-pushers *pl*
Caprihose *f*
pantalon *m* corsaire *(qui s'arrête à mi-mollet)*
pantaloni *mpl* alla pescatora
pantalón *m* a la pescadora; pantalón *m* Capri

859. peplum
Schoß *m*
pan *m*; basque *f (prolongement amovible ou rapporté d'une veste ou d'un corsage, qui retombe en forme de petite jupe sur les hanches)*
falda *f*
faldón *m*

860. peplum dress
Schoßkleid *n*
robe *f* à basque
abito *m* a falde *(da donna)*
vestido *m* con faldón

861. perforating
Perforieren *n*
perforage *m*
perforazione *f (l'azione)*
perforación *f*; perforado *m*

862. permanent deformation
bleibende Verformung *f*
déformation *f* permanente
deformazione *f* permanente
deformación *f* permanente

863. permanent pleating
Dauerfaltenlegen *n*
mise *f* en plis permanent
pieghettatura *f* permanente
plegado *m* permanente

864. permanent plissé
Dauerplissee *n*
plissé *m* permanent
plissé *m* permanente
plisado *m* permanente

865. permanent press pleat
Dauerbügelfalte *f*
pli *m* de repassage permanent
piega *f* stirata permanente
pliegue *m* planchado permanente; raya *f*
   planchada permanente *(del pantalón)*

866. permanent turn-up of trousers
Hosenumschlag *m* *(am Saum der Ho-*
   senbeine)
revers *m* de pantalon; bas *m* (de pantalon) relevé
fondo *m* con risvolto (della gamba) dei
   pantaloni; risvolto *m* dei pantaloni
vuelta *f* de la pernera del pantalón

867. petalled skirt
Zipfelrock *m* *(mit zipfelförmigem Saum)*
robe *f* à pans (flottants)
gonna *f* con lembi
falda *f* pétalo

868. Peter Pan collar
Bubikragen *m*
col *m* Claudine
colletto *m* alla paggio
cuello *m* Peter Pan

869. petticoat *(stiffened)*
Petticoat *m* *(versteift)*
petticoat *m*
sottogonna *f* petticoat
enagua *f*

870. petticoat *(unstiffened)*
Jupon *m*
jupon *m* *(jupe de lingerie non-empesée,*
   montée sur un élastique à la taille)
sottogonna *f* *(non inamidata)*
enagua *f*

871. picot border
Pikotbordüre *f*
bordure *f* picot
bordatura *f* a cappio
galón *m* picó

872. picot edge
Pikotkante *f*
bord *m* picot
bordo *m* a cappio
borde *m* picó; borde *m* dentellado

873. picot stitch
Pikotstich *m*
point *m* de picot *(type de point mousse)*
punto *m* a cappio
puntada *f* picó; puntada *f* dentellada

874. piece *v* on
anstückeln *v*
rallonger *v*
rappezzare *v*
unir *v* trozos

875. pieced waistband
gestückelter Bund *m*
ceinture *f* mise en morceaux
cintura *f* rappezzata
pretina *f* troceada

876. pin *v* to
annadeln *v*
épingler *v*
appuntare *v* con spilli
pinchar *v*; pegar *v*

877. pinarette
Trägerschürze *f*
tablier *m* à bretelles
grembiule *m* con bretelle
delantal *m* con tirantes

878. pinball
Stecknadelkissen *n*
pelote *f* à épingles
puntaspilli *m*
acerico *m*; almohadilla *f* para alfileres

879. pin cushion
Stecknadelkissen *n*
pelote *f* à épingles
puntaspilli *m*
acerico *m*; almohadilla *f* para alfileres

880. pin hole
Einstich *m* *(Nadeleinstich)*
perforation *f* *(de l'aiguille)*
puntura *f* *(dell'ago)*
penetración *f* *(de la aguja)*; perforación *f*
   (de la aguja); pinchazo *m* *(de la aguja)*

881. pink *v*
auszacken *v*
denteler *v*
dare *v* lo smerlo; dentellare *v*
dentellar *v*; picotear *v*

882. pinked edge
Zackenkante *f*
bord *m* à picots; bord *m* dentelé

bordo *m* dentellato
borde *m* dentellado; borde *m* dentado

883. pinked seam
Zackennaht *f*
couture *f* dentelée
cucitura *f* dentellata
costura *f* dentada

884. pinking scissors *pl*
Auszackschere *f*
ciseaux *mpl* pour dentelure
forbici *fpl* a coccodrillo; forbici *fpl* a lame
dentellate
tijera *f* para dentellar

885. pin tuck
Rippen *fpl* (durch Nähen erzeugt)
nervure *f* (pli très fin et dressé)
nervatura *f*
nervuras *fpl*; nervaduras *fpl*

886. pin-tucking
Bieseneinnähen *n*
nervurage *m*
attaccatura *f* del filetto piatto o della nervatura
cosido *m* de nervuras

887. pin-tucking foot
Biesenfuß *m*
pied *m* de nervurage
piedino *m* del filetto piatto
prensatelas *m* de nervuras

888. pin-tucking stitch
Biesenstich *m*
point *m* à nervure
punto *m* al filetto (piatto)
puntada *f* de nervuras

889. piped buttonhole
Paspelknopfloch *n*
boutonnière *f* passepoilée
asola *f* (ribattuta a due filetti)
ojal *m* de vivos; ojal *m* viveado

890. piped edge
paspelierter Rand *m*
bord *m* passepoilé
bordo *m* a filetto
borde *m* viveado

891. piped hemline of a dress
paspelierter Kleidersaum *m*
ourlet *m* passepoilé du bas de robe

ribattitura *f* a pistagna del fondo dell'abito
(da donna)
dobladillo *m* de vestido viveado

892. piped pocket
Paspeltasche *f* (Eingriff, durch einen oder
zwei Paspeln eingegrenzt)
poche *f* passepoilée
tasca *f* a filetti
bolsillo *m* de vivos

893. pipe dress
Röhrenkleid *n* (gerade geschnitten, eng,
ohne Taillierung)
robe *f* tubulaire
abito *m* tubolare (da donna)
vestido *m* tubo

894. piped slit
paspelierter Schlitz *m* (Ankleideschlitz)
taillade *f* passepoilée
intaglio *m* a filetti
abertura *f* viveada

895. pipe trousers *pl*
Röhrenhose *f* (mit gerade geschnittenen,
engen Hosenbeinen)
pantalon *m* tubulaire
pantaloni *mpl* tubolari
pantalón *m* tubo

896. piping
Paspel *f(m)*; Paspelieren *n*
passepoil *m*; passepoilage *m*
filetto *f*; ribattitura *f* (a pistagna)
vivo *m*; viveado *m*

897. piping seam
Paspelnaht *f*
couture *f* de passepoil
cucitura *f* del filetto
costura *f* de vivos

898. piping strip
Paspelstreifen *m*
bande *f* (de) passepoil
striscia *f* di filetto
tira *f* de vivos

899. pirate-trousers *pl*
Caprihose *f*
pantalon *m* corsaire (qui s'arrête à mi-
mollet)
pantaloni *mpl* alla pescatora
pantalón *m* a la pescadora; pantalón *m*
Capri

900. plain back
glatte Rückseite *f*
envers *m* uni
rovescio *m* liscio
revés *m* liso

901. plain seam
Einfachnaht *f* oder einfache Naht *f*
couture *f* simple
cucitura *f* semplice
costura *f* simple

902. plait stitch
Flachstich *m*
point *m* plat
punto *m* piatto
puntada *f* plana

903. planning of cutting layout
Schnittbildplanung *f*
faire *v* le plan de coupe
pianificazione *f* del piano di taglio
planificación *f* de marcada

904. pleat
Falte *f*
pli *m (double, formé en repliant le tissu sur lui-même)*
piega *f*
pliegue *m*

905. pleated bottom
Faltensaum *m (Saumstreifen mit einge-arbeiteten Falten zum Annähen unter-halb der Hüfte)*
bas *m* plissé
balza *f* pieghettata
volante *m* plegado

906. pleated flounce
Faltensaum *m (Saumstreifen mit einge-arbeiteten Falten zum Annähen unter-halb der Hüfte)*
bas *m* plissé
balza *f* pieghettata
volante *m* plegado

907. pleated skirt *(but not plisse skirt)*
Faltenrock *m*
jupe *f* à plis
gonna *f* a pieghe
falda *f* con pliegues

908. pleating
Plissieren *n*
plissage *m*
plissettatura *f*
plisado *m*

909. pleating *(the ensemble of the pleats, not the process)*
Plissee *n*
plissé *m*
plissé *m*
plisado *m*

910. pleating fastness
Plissierechtheit *f*
solidité *f* au plissage
solidità *f* alla plissettatura
solidez *f* al plisado

911. pleat inside
Faltenuntertritt *m*
fond *m* du pli
fondo *m* della piega
fondo *m* del pliegue

912. pleat retention
Faltenbeständigkeit *f*
rétention *f* du pli
conservazione *f* della piega; manteni-mento *m* della piega
conservación *f* del pliegue; durabilidad *f* del pliegue

913. pleat tucking *(pleating by sewing)*
Plissieren *n*
plissage *m*
plissettatura *f*
plisado *m*

914. plissé
Plissee *n*
plissé *m*
plissé *m*
plisado *m*

915. plissé skirt
Plisseerock *m*
jupe *f* plissée
gonna *f* plissettata
falda *f* plisada

916. plonking and basting seam
Unterschlagnaht *f (provisorische Verbin-dung der Einlage mit dem Oberstoff durch Heftnähte)*
couture *f* pour mettre provisoirement un tissu sur toile
cucitura *f* per fissaggio provvisorio (della stoffa con la messa)
costura *f* de hilván

917. pocket
Tasche *f*
poche *f*

tasca *f*
bolsillo *m*

918. pocket bag
Taschenbeutel *m*
sac *m* de poche
sacchetto *m* della tasca
bolso *m* del bolsillo; saco *m* del bolsillo

919. pocket flap
Taschenpatte *f (echte Klappe)*
rabat *m* de poche
aletta *f* di tasca
cartera *f* del bolsillo

920. pocket jetting *(welting)*
Taschenpaspel *m (zum Versäubern und Stabilisieren von Tascheneingriffen)*
passepoil *m* de poche
filetto *m* di tasca
vivo *m* del bolsillo

921. pocket mouth
Tascheneingriff *m*
ouverture *f* de la poche
apertura *f* della tasca
boca *f* del bolsillo

922. pocket opening *(pref)*
Tascheneingriff *m*
ouverture *f* de la poche
apertura *f* della tasca
boca *f* del bolsillo

923. pocket piping *(welting)*
Taschenpaspel *m (zum Versäubern und Stabilisieren von Tascheneingriffen)*
passepoil *m* de poche
filetto *m* di tasca
vivo *m* del bolsillo

924. pocket sack
Taschenbeutel *m*
sac *m* de poche
sacchetto *m* della tasca
bolso *m* del bolsillo; saco *m* del bolsillo

925. pocket slash
Tascheneinschnitt *m*
fente *f* de poche
intaglio *m* della tasca
entalladura *f* del bolsillo; incisión *f* del bolsillo

926. pocket welt
Taschenleiste *f*
patte *f* de poche

patta *f* della tasca
tapeta *f* del bolsillo

927. pocket welting *(not the process)*
Taschenpaspel *m (zum Versäubern und Stabilisieren von Tascheneingriffen)*
passepoil *m* de poche
filetto *m* di tasca
vivo *m* del bolsillo

928. pointed toe
Spitze *f (im Zuschnitt betont)*
bout *m* prononcé
punta *f* pronunciata
punta *f* pronunciada

929. point tack
Punktriegel *m*
point *m* (invisible) d'arrêt *(de renforcement)*
travetta *f* in punto
presilla *f* punto

930. polo neck
Rollkragen *m (schlauchförmig geschnittener Kragen)*
col *m* roulé *(formé d'un bord-côte)*
colletto *m* arrotolato; girocollo *m* *(pref)*
cuello *m* cisne; cuello *m* alto y vuelto

931. pompon
Quaste *f*/ballförmige
pompon *m*
nappa *f*
pompón *m*

932. press
Presse *f*
presse *f*
pressa *f*
prensa *f*

933. press crease *(defect)*
Pressfalte *f (Fehler)*
faux-pli *m (provenant de la presse)*
gualcitura *f (causata dalla pressa)*
arruga *f (causada por la prensa)*

934. pressed pleat *(of trousers)*
Bügelfalte *f*
pli *m* de repassage *(formé à l'endroit de la pliure du pantalon)*
piega *f* stirata *(dei calzoni)*
raya *f (del pantalón)*

935. press finish(ing)
Finishbügeln *n* durch Bügelpressen
achèvement *m* par pressage

finissaggio *m* mediante stiratura su pressa
planchado *m* final mediante prensa

936. press for jackets
Sakkobügelpresse *f*
presse-repasseuse *f* pour vestes
pressa *f* (da stiro) per giacche da uomo
prensa *f* de americanas; prensa *f* de
  chaquetas

937. press gloss
Pressglanz *m*
lustre *m* de pressage
lucentezza *f* dalla pressatura
brillo *m* de prensa; brillo *m* de plancha

938. pressing
Bügelpressen *n*
repassage *m* à la presse
stiratura *f* alla pressa
prensado *m*; planchado *m* a prensa

939. press lustre
Pressglanz *m*
lustre *m* de pressage
lucentezza *f* dalla pressatura
brillo *m* de prensa; brillo *m* de plancha

940. press-open seam
Ausbügelnaht *f*
couture *f* d'assemblage à relarges
cucitura *f* di ribattitura *(per stiratura)*
costura *f* sentada; costura *f* a planchar

941. press pression
Pressdruck *m*
pression *f* de pressage
pressione *f* di pressatura
presión *f* *(de la prensa)*

942. principal dimensions *pl*
Hauptabmessungen *fpl*
dimensions *fpl* principales
dimensioni *fpl* principali
dimensiones *fpl* principales

943. puff skirt
Puffrock *m*
jupe *f* bouffante
gonna *f* a sbuffo
falda *f* balón

944. puff sleeve
Puffärmel *m*
manche *f* bouffante; manche *f* ballon
manica *f* a palloncino o a sbuffo
manga *f* abullonada; manga *f* balón;
  manga *f* abocinada

945. puncture
Einstich *m* *(Nadeleinstich)*
perforation *f* *(de l'aiguille)*
puntura *f* *(dell'ago)*
penetración *f* *(de la aguja)*; perforación *f*
  (de la aguja); pinchazo *m* *(de la aguja)*

946. purl edge
Pikotkante *f*
bord *m* picot
bordo *m* a cappio
borde *m* picó; borde *m* dentellado

947. pyjamas *pl*
Pyjama *m*; Schlafanzug *m*
pyjama *pl*
pigiama *m*
pijama *m*

Q

948. quilt *v*
absteppen *v*
piquer *v*
trapuntare *v*
pespuntear *v*

949. quilted
abgesteppt
piqué
impuntito
pespunteado

950. quilting wadding *(shapeless)*
Steppwatte *f*
ouate *f* à matelasser
ovatta *f* per trapuntare
guata *f* para acolchar

R

951. raincoat
Regenmantel *m*
manteau *m* imperméable; manteau *m* de
  pluie; imperméable *m*
impermeabile *m*
impermeable *m*; trinchera *f*

952. rainproof coat
Regenmantel *m*
manteau *m* imperméable; manteau *m* de
pluie; imperméable *m*
impermeabile *m*
impermeable *m*; trinchera *f*

953. ready for sewing
nadelfertig
prèt-à-coudre
pronto per (essere) cucito
listo para la costura

954. ready-made
Fertig... *(z. B. Fertiganzug)*; von der Stan-
ge
tout fait; de confection
confezionato; di confezione; bell'e pronto
(abito); pronto confezionato
confeccionado; de confección

955. ready-made clothing size
Konfektionsgröße *f*
taille *f* de confection
taglia *f* di confezione
talla *f* de confección

956. ready-made garment *(coll)*
Fertigkleidung *f (Koll)*; Konfektionsbekleidung *f (Koll)*
vêtement *m* prêt-à-porter *(coll)*; prêt-à-
porter *m (coll)*
abbigliamento *m* confezionato [di confe-
zione] *(coll)*; confezioni *fpl* pronte; vestiti
mpl confezionati *(coll)*
ropa *f* confeccionada [de confección] *(col)*

957. ready-made interlining
Fertigeinlage *f*
renfort *m* préconfectionné
rinforzo *m* preconfezionato
refuerzo *m* preconfeccionado

958. ready-to-wear clothes *pl (AE) (coll)*
Fertigkleidung *f (Koll)*
vêtement *m* prêt-à-porter *(coll)*
abbigliamento *m* confezionato *(coll)*;
confezioni *fpl* pronte; vestiti *mpl* confe-
zionati *(coll)*
ropa *f* confeccionada *(col)*

959. ready-to-wear clothing *(coll)*
Konfektionsbekleidung *f (Koll)*
vêtement *m* prêt-à-porter *(coll)*; prêt-à-
porter *m (coll)*
abbigliamento *m* di confezione *(coll)*
ropa *f* de confección *(col)*

960. ready-to-wear clothing size
Konfektionsgröße *f*
taille *f* de confection
taglia *f* di confezione
talla *f* de confección

961. rectangular neckline
eckiger Ausschnitt *m*
encolure *f* anguleuse
scollatura *f* angolare
escote *m* angular

962. recutting
Nachschneiden *n*
retouche *f* par coupe
rifinitura *f* mediante taglio
recorte *m*; corte *m* afinado

963. reel
Spule *f*
bobine *f*; canette *f (recevant le fil inférieur)*
bobina *f*; spoletta *f (della macchina per
cucire)*; rocchetto *m*
bobina *f*; canilla *f*

964. reinforcement
Verstärkung *f (als Bekleidungsbestandteil, z. B. Ellbogenverstärkung)*
renfort *m (qui sert à renforcer un vêtement aux endroits vulnérables)*
rinforzo *m*
refuerzo *m*

965. reinforcing row
Riegelnaht *f*
couture *f* d'arrêt *(le résultat)*
cucitura *f* di travetta
costura *f* de presilla

966. rentering seam
Anstoßnaht *f*
rentraiture *f*
cucitura *f* della pedana
costura *f* a tope

967. resistant to machine washing
waschmaschinenfest
résistant au lavage à la machine
resistente al lavaggio in lavatrice
resistente al lavado en lavadora

968. revers
Revers *n (umgelegter Bereich des Fassons zwischen Spiegelnaht und Fasson-Auslauf)*
revers *m*
revers *m*; risvolto *m*
solapa *f*

969. revers and collar *(as ensemble)*
Fasson *n (von der Schulternaht bis zum Fassonauslauf)*
revers *m* et col *m (l'ensemble)*
insieme *m* di collo e risvolto; risvolto *m* e colletto *m (l'insieme)*
solapa *f* y cuello *m*

970. reverse welting
Reversumkehr *f*
formation *f* du revers (rabattu)
formazione *f* del risvolto
formación *f* de la solapa

971. reversible coat
Mantel *m*/zweiseitiger
manteau *m* à double face; manteau *m* réversible
cappotto *m* a due facce
abrigo *m* reversible; abrigo *m* doble faz

972. reversible garment
Umkehrkleidung *f*; Wendekleidung *f*; zweiseitige Kleidung *f*
vêtement *m* réversible; vêtement *m* à double face
vestito *m* rovesciabile; vestito *m* rivolta-bile; vestito *m* a due facce; abbiglia-mento *m* a due facce
prendas *fpl* doble faz; prendas *fpl* rever-sibles; ropa *f* reversible

973. reversible wearable
beidseitig tragbar
portable réversible
indossabile da entrambe le parti; porta-bile da ambedue le parti
de uso reversible

974. revers (in the length) of a dress
Kleideraufschlag *m*
revers *m* du bas (dans le sens de la lon-gueur) d'une robe
ripiega *f* del fondo dell'abito *(da donna)*
vuelta *f* en los bajos de una prenda

975. revers (in the length) of an item
Aufschlag *m (Saumabschluss)*
revers *m* du bas *(dans le sens de la lon-gueur)* d'une pièce
ripiega *f* del fondo
vuelta *f (del extremo de una prenda)*; doblez *m*

976. rib
Grat *m*
sillon *m*; arête *f*

costa *f*; costina *f*
rebaba *f*; arista *f*

977. rib(bed) border
Rippenrand *m*
bord-côte *m (qui resserre, renforce ou garni les ouvertures d'un vêtement)*
bordo *m* a costine *(elastico)*
borde *m* de canalé; cenefa *f* de canalé

978. rib(bed) waist
gerippte Taille *f*
taille *f* côtelée
vita *f* a costine
cintura *f* acanalada

979. ribbon binding
Bandeinfassen *n*
bordage *m* à ruban
bordatura *f* a nastro
ribete *m* con cinta

980. ribbon ends *pl*
Bandüberstände *mpl*
dépassages *mpl* de ruban
passaggi *mpl* di nastro
sobrantes *mpl* de cinta

981. ribbon pass-through trimming
Banddurchzug *m*
trou trou *m*
passanastro *m*
paso *m* de la cinta

982. ribbon sewing attachement
Bandaufnäher *m*
accessoire *m* à coudre un ruban
accessorio *m* da cucire nastro
accesorio *m* de coser cinta

983. rib set
Diamantstich *m*
boutage *m* en côte ou à côtes
punto *m* romboide
puntada *f* romboidal

984. rib trimming
Rippenrand *m*
bord-côte *m (qui resserre, renforce ou garni les ouvertures d'un vêtement)*
bordo *m* a costine *(elastico)*
borde *m* de canalé; cenefa *f* de canalé

985. rickrack frill [ruffle]
Zickzackrüsche *f*
ruche *f* en zigzag
ruche *f* (a) zigzag
volante *m* en zigzag

986. ridge
Grat *m*
sillon *m*; arête *f*
costa *f*; costina *f*
rebaba *f*; arista *f*

987. rising neckline
Ausschnitt *m*/steigender
encolure *f* montante *(prolongement vers le haut, qui forme un col non-rapporté)*
scollatura *f* montante
escote *m* de punta ascendiente

988. rivet *v* on
aufnieten *v*
surriveter *v*
inchiodare *v*; ribadire *v*
remachar *v*

989. roll collar
Rollkragen *m (schlauchförmig geschnittener Kragen)*
col *m* roulé *(formé d'un bord-côte)*
colletto *m* arrotolato; girocollo *m (pref)*
cuello *m* cisne; cuello *m* alto y vuelto

990. roll hem
Rollsaum *m*
ourlet *m* roulé ou roulotté
orlo *m* arrotolato
dobladillo *m* enrollado

991. roll pleat
Rollfalte *fpl*
pli *m* roulé
piega *f* arrotolata
pliegue *m* enrollado

992. roll seam
Rollnaht *f*
couture *f* roulée
cucitura *f* arrotolata
costura *f* enrollada

993. roll-up sleeve
Aufrollärmel *m*
manche *f* retroussable
manica *f* per rimboccare
manga *f* enrollable

994. rope stitch
Grobstich *m*
point *m* (de couture) grossier
punto *m* grossolano
puntada *f* gruesa

995. roundabout *(AE)*
Jacke *f (Herrenjacke)*; Sakko *m (Straßen- oder Sportsakko, der kein Anzugbestandteil ist; hat in der HAKA die Termini Jackett und Jacke überwiegend ersetzt)*
veste *f* d'homme *(la veste d'un complet s'appelle veston et celle d'un tailleur jaquette)*
giacca *f* da uomo
chaqueta *f (de caballero)*

996. rounded front
Kante *f*/abgerundete
bord *m* arrondi
bordo *m* arrotondato
canto *m* redondeado

997. rounded front edge
abgerundete Kante *f*
bord *m* arrondi
bordo *m* arrotondato
canto *m* redondeado

998. ruche collar
Rüschenkragen *m*
col *m* ruché
colletto *m* (in) ruche
cuello *m* fruncido

999. ruff *(hist)*
Mühlsteinkragen *m (hist)*
fraie *f* godronnée *(hist)*
gorgiera *f (ist)*
gorguera *f (hist)*

1000. ruffled cuff *(pref)*
Ziermanschette *f (z. B. aus Spitze oder Musselin)*
manchette *f* ornementale *(fixée au bas d'une manche)*
polsino *m* ornamentale
puño *m* ornamental

1001. ruffler *(foot)*
Kräuselfuß *m*
pied *m* fronceur
piedino *m* per increspatura
pie *m* fruncidor

1002. run back *(of twist)*
Rückdrehung *f (vom Zwirn)*
remontée *f (de la torsion d'un retors)*
rimozione *f (della torsione d'un ritorto)*
destorcedura *f (del torzal)*

1003. rustic style
Linie f/rustikale
style m rustique
stile m rustico
estilo m rústico

S

1004. sack dress
Hängerkleid n; Sackkleid n
robe f vague *(très ample, de forme floue)*;
   robe-sac f
abito m a sacco *(da donna)*
vestido m saco

1005. saddle
Sattel m
empiècement m *(pièce rapportée dans
   un vêtement à partir des épaules)*
sprone m
canesú m

1006. saddle stitch
Sattlerstich m
point m sellier
punto m di sellaio
puntada f de guarnicionero

1007. safety stitch
Sicherheitsstich m
point m simultané de couture et surjet
   simultané
punto m di sicurezza
puntada f de seguridad

1008. safety (stitch) seam
Sicherheitsnaht f *(Absicherung von Nähgutkanten)*
couture f à point de couture et surjet
   simultanés
cucitura f di sicurezza
costura f con puntada de seguridad

1009. sailor collar
Matrosenkragen m
col m marin *(carré dans le dos et prolon-
   gé en des revers effilés)*
colletto m alla marinara
cuello m marinero

1010. sandwich seam
Überfangnaht f
couture f sandwich

cucitura f sandwich
costura f sándwich

1011. sash
Taillenschärpe f
écharpe f *(en bandoulière ou nouée au-
   tour de la taille)*
sciarpa f *(alla vita)*
faja f a la cintura; fajín m al talle

1012. saylor blouse style
Vareuse-Stil m
style m vareuse *(rappelant la chemise de
   laine des marins)*
stile m camicia da marinaio
estilo m marinero

1013. scalloped button panel
ausgebogte obere Knopfleiste f
bande f de boutonnières dentelée
finta f dei bottoni superiore dentellata
tapeta f de botones dentellada

1014. scalloped edging
Feston n *(gezackte und gestickte Borte)*
feston m
festone m
festón m

1015. scalloped neckline
Ausschnitt m/festonierter
encolure f festonnée
scollatura f festonata
escote m festoneado

1016. scalloped sleeve
Zaddelärmel m
manche f festonnée
manicha f svasata, ornata di festoni
manga f festoneada

1017. scalloping stitch
Festonierstich m
point m de feston
punto m a festone
puntada f de festón

1018. scye *(pref)*
Armloch n *(Ausholung zum Einnähen
   des Ärmels)*
emmanchure f
giromanica f
sisa f

1019. seam
Naht f
couture f

cucitura *f (pref)*; costura *f*
costura *f*

1020. seam allowance
Nahteinschlag *m (Nahtzugabe, über die normale Zugabe hinaus)*
repli *m* de la couture
risvolto *m* della cucitura
margen *m* de la costura

1021. seam allowance *(distance from seam to border)*
Nahtzugabe *f (von der Nahtlinie bis zur Nähgutkante)*
relarge *m* de la couture *(jusqu'au bord)*
aggiunta *f* della cucitura *(dall'impuntura fino al bordo)*
margen *m* de la costura

1022. seam appearance
Nahtbild *n (optischer Gesamteindruck der Fertignaht)*
apparence *f* de la couture
aspetto *m* della cucitura
apariencia *f* de la costura

1023. seam back stacking
Nahtverriegeln *n (Absichern gegen Lösen der Nähfadenverschlingung)*
couture *f* d'arrêt *(l'activité)*; arrêt *m* de la couture *(afin que les coutures ne se défassent pas)*
cucitura *f* di fermatura *(l'azione)*; fermacucitura *f (per la fissazione della cucitura)*
presillado *m* de la costura; remate *m* de la costura

1024. seam baring by backstitching *(AE)*
Nahtverriegeln *n (Absichern gegen Lösen der Nähfadenverschlingung)*
couture *f* d'arrêt *(l'activité)*; arrêt *m* de la couture *(afin que les coutures ne se défassent pas)*
cucitura *f* di fermatura *(l'azione)*; fermacucitura *f (per la fissazione della cucitura)*
presillado *m* de la costura; remate *m* de la costura

1025. seam bartacking
Nahtverriegeln *n (Absichern gegen Lösen der Nähfadenverschlingung)*
couture *f* d'arrêt *(l'activité)*; arrêt *m* de la couture *(afin que les coutures ne se défassent pas)*

cucitura *f* di fermatura *(l'azione)*; fermacucitura *f (per la fissazione della cucitura)*
presillado *m* de la costura; remate *m* de la costura

1026. seam binding
Nahtbund *m (Anziehspannung)*
serrage *m* de la couture
serraggio *m* della cucitura
aprieto *m* de la costura

1027. seam construction
Nahtbild *n (Schema)*
schéma *m* de la couture; construction *f* de la couture
schema *m* della cucitura
esquema *m* de la costura

1028. seam direction
Nahtrichtung *f (des Nähfortschritts)*
direction *f* de la couture
direzione *f* della cucitura
sentido *m* de la costura

1029. seam distortion
Verziehen *n* der Naht
distorsion *f* de la couture
deformazione *f* della cucitura
deformación *f* de la costura

1030. seamed pleat
Nähfalte *f*
pli *m* cousu
piega *f* cucita
pliegue *m* cosido

1031. seam impression
Nahtabdruck *m*
impression *f* de couture
impronta *f* della cucitura; marca *f* de la cucitura
marca *f (involuntaria)* de la costura

1032. seam interruption
Nahtunterbrechung *f (beabsichtigt oder durch Störung)*
interruption *f* de la couture
interruzione *f* della cucitura
interrupción *f* de la costura

1033. seam ironing *(by hand)*
Nahtbügeln *n*
repassage *m* de la couture
stiratura *f* della cucitura
planchado *m* de costuras

1034. seam joining lapel facing to grown on facing
Besatzumbruchnaht *f*
couture *f* d'ajout de la parementure
cucitura *f* finita della paramontura
costura *f* del quiebre de la vista

1035. seam lengthening
Nahtverlängerung *f*
prolongement *f* de la couture
allungamento *m* della cucitura
prolongación *f* de la costura

1036. seamless
nahtlos
sans couture
senza cucitura
sin costura

1037. seam letting-out
Nahtauslassen *n*
relarge *m* de la couture
allargamento *m* della cucitura
ensanche *m* de la costura

1038. seam line-up
Nahtlinie *f*
ligne *f* de la couture
linea *f* della cucitura
línea *f* de la costura

1039. seam mark
Nahtabdruck *m*
impression *f* de couture
impronta *f* della cucitura; marca *f* de la cucitura
marca *f* (*involuntaria*) de la costura

1040. seam ondulation
Nahtwelligkeit *f* (*wellenförmige Verformung*)
ondulation *f* de la couture
ondulazione *f* della cucitura
ondulación *f* de la costura

1041. seam pattern
Nahtbild *n* (*Schema*)
schéma *m* de la couture; construction *f* de la couture
schema *m* della cucitura
esquema *m* de la costura

1042. seam pressing
Nahtbügeln *n*
repassage *m* de la couture
stiratura *f* della cucitura
planchado *m* de costuras

1043. seam ripping
Nahtauftrennen *n*
découture *f*
scucitura *f*
descosido *m*

1044. seam stay stitching
Nahtverriegeln *n* (*Absichern gegen Lösen der Nähfadenverschlingung*)
couture *f* d'arrêt (*l'activité*); arrêt *m* de la couture (*afin que les coutures ne se défassent pas*)
cucitura *f* di fermatura (*l'azione*); fermacucitura *f* (*per la fissazione della cucitura*)
presillado *m* de la costura; remate *m* de la costura

1045. seam strength
Nahtfestigkeit *f*
résistance *f* de la couture
resistenza *f* della cucitura
resistencia *f* de la costura

1046. seam stretching
Nahtdehnung *f*
extension *m* de la couture
estensione *f* della cucitura
alargamiento *m* de la costura

1047. seam tightness
Nahtdichtung *f*
étanchéité *f* de la couture
ermeticità *f* della cucitura
cierre *m* hermético de la costura

1048. seam underpressing
Nahtbügeln *n*
repassage *m* de la couture
stiratura *f* della cucitura
planchado *m* de costuras

1049. seat girth
Gesäßweite *f* (*eines Bekleidungsstücks*)
ampleur *f* au niveau du fond
larghezza *f* del fondo (*dei pantaloni o del dietro della gonna*)
ancho *m* del fondo de la falda o del pantalón

1050. seat lining
Gesäßfutter *n*
doublure *f* du fond (*de pantalon*)
fodera *f* del cavallo; fodera *f* del fondo dei pantaloni
forro *m* de fondo

1051. seat (of trousers)
Gesäßpartie f (einer Hose); Hosenboden m
fond m (de pantalon)
fondo m dei pantaloni o dei calzoni
fondo m del pantalón

1052. secondary body measures pl
Körpersekundärmaße npl
mesures fpl secondaires du corps
misure fpl secondarie del corpo
medidas fpl secundarias del cuerpo

1053. second pleat
hintere Bundfalte f
deuxième pli m
seconda piega f
segundo pliegue m de la cintura

1054. selvedge thread
Kantenfaden m
fil m de lisière
filo m di lisiera
hilo m del orillo

1055. semi-fitted
antailliert; leicht tailliert
à (la) demi-taille; demi-cintré; légèrement cintré (à la taille)
a vita semisottile; leggermente sciancrato o sfiancato
entallado; ligeramente entallado

1056. semi-slim fitted
antailliert
à la demi-taille; demi-cintré
a vita semisottile
entallado

1057. separates pl (for combinations)
Separates pl (kombinationsfähige Kleidungsstücke)
séparables mpl (vêtement combinable)
indumenti mpl spezzati; spezzato m
prendas fpl combinables

1058. sew v **by hand**
nähen v/von Hand
coudre v (à la) main
cucire v a mano
coser v a mano

1059. sewing (pref)
Nähen n
couture f
cucitura f (l'azione)
cosido m

1060. sewing attachment
Nähapparat m
accessoire m à coudre (remplissant une fonction donnée en cours de couture);
accessoire m (pièce ou mécanisme auxiliaire sur la machine à coudre pour la rendre plus spécialisée)
accessorio m (di una macchina) per cucire; apparecchio m per cucire
accesorio m (de una máquina de coser); aparato m para la costura

1061. sewing bobbin
Nähspule f
bobine f (de fil à coudre)
bobina f (di filo cucirino)
bobina f (de coser); canilla f (de coser)

1062. sewing in
Einnähen n
insertion f (par exemple de la fermeture à glissière); pose f (d'une pièce de vêtement par couture); couture f de montage (d'une pièce de vêtement); montage m (d'une pièce de vêtement)
cucitura f da inserzione
pegado m; cosido m; inserción f

1063. sewing machine (pref)
Nähmaschine f
machine f à coudre
macchina f per cucire
máquina f de coser

1064. sewing machine bobbin
Nähmaschinenspule f
bobine f pour la machine à coudre
bobina f per la macchina per cucire
bobina f de la máquina de coser

1065. sewing machine oil
Nähmaschinenöl n
huile f pour machines à coudre
olio m per macchine per cucire
aceite m para máquinas de coser

1066. sewing (machine) room
Näherei f
atelier m de couture (tissus); atelier m de piquage (peau)
sala f di cucitura
sala f de costura

1067. sewing material
Nähgut n
ouvrage m (matière en cours de couture); matière f en cours de couture

materiale *m* da cucire
material *m* *(de costura)*

1068. sewing needle
Nähnadel *f*
aiguille *f* à coudre
ago *m* da cucire
aguja *f* de coser

1069. sewing (right) round
Umstechen *n*
surfilage *m*
sopraggitto *m*
sobrehilado *m*

1070. sewing stitch
Nähstich *m* *(Element einer Fadenlegung)*
point *m* de couture
punto *m* di cucito
puntada *f* de costura

1071. sewing thread
Nähfaden *m*
fil *m* à coudre
filo *m* cucirino
hilo *m* de coser

1072. sewing together
Zusammennähen *n*
assemblage *m* par couture
assemblaggio *m* mediante cucitura
ensamblado *m* mediante costura

1073. sewing workplace
Nähplatz *m*
poste *m* de couture
posto *m* di cucitura
puesto *m* de costura

1074. sewing yarn
Nähgarn *n*
fil *m* à coudre
cucirino *m*
hilo *m* de coser

1075. sewn tuck
genähte Falte *f*
petit-pli *m* cousu
piega *f* cucita
pliegue *m* cosido

1076. shape (of garment)
Façon *f*
façon *f*
façon *f*
corte *m*; hechura *f*

1077. shape press
Formpresse *f*
presse *f* à former
pressa *f* formatrice
prensa *f* de conformar

1078. shape retention
Formbeständigkeit *f*
stabilité *f* de la forme
stabilità *f* della forma
estabilidad *f* de la forma

1079. shaping or shape pressing
Formbügeln *n* *(an der Bügelpresse)*
mise *f* en forme *(avec la machine à re-passer)*
formatura *f* *(mediante stiratura con pres-sa)*
conformación *f* por plancha; modelado *m* por plancha

1080. shawl collar
Schalkragen *m*
col *m* châle
colletto *m* scialle
cuello *m* chal

1081. shawl lapel
Schalfasson *n* *(Revers und Kragen naht-los verbunden)*
revers *m* châle
risvolto *m* sciallato
solapa *f* chal

1082. sheath dress
Futteralkleid *n*
robe *f* fourreau *(épouse la forme du corps)*
abito *m* affusolato *(da donna)*; fourreau *m*
vestido *m* estuche

1083. shell seam
Muschelsaum *m*
ourlet *m* à point-coquille
orlo *m* a conchiglia
dobladillo *m* con efecto de concha

1084. shell stitch
Festonstich *m*
point *m* de coquille
punto *m* conchiglia
puntada *f* de concha

1085. shift dress with wearers
Trägerkleid *n*
robe *f* à bretelles
prendisole *m* a bretelle *(solo estivo)*; abito *m* a bretelle *(da donna)*
vestido *m* de tirantes

1086. shine (on a fabric), resulted by ironing
verbügelte Stelle *f*
lustre *m* causé par repassage
lucentezza *f* causata da stiratura
brillo *m* de plancha *(una zona)*

1087. shirred elastic lace
eingearbeitete Gummischnur *f*
lacet *m* inséré élastique
elastico *m* inserito
hilo *m* elástico insertado

1088. shirring *(an elastic)*
Gummibandeinnähen *n*; Pullern *n*
froncage *m* (d'un élastique)
increspatura *f* (di un nastro elastico)
embebido *m* mediante cinta elástica

1089. shirring *(with the help of a rufflette)*
Kräuselband-Einziehen *n*
bouillonné *f*
increspatura *f* mediante nastro
fruncido *m* mediante cinta

1090. shirring foot
Kräuselfuß *m*
pied *m* fronceur
piedino *m* per increspatura
pie *m* fruncidor

1091. shirt
Hemd *n*
chemise *f*
camicia *f*
camisa *f*

1092. shirt back pleat
Hemdrückenfalte *f*
pli *m* (d'aisance) de chemise
piega *f* di dietro della camicia
pliegue *m* de espalda de la camisa

1093. shirt blouse *(AE shirtwaist)*
Hemdbluse *f*
blouse-chemise *f*; chemisier *m* *(corsage rappelant une chemise d'homme)*
camicetta *f* *(tipo uomo)*
blusa *f* camisera

1094. shirt bosom *(AE)*
Hemdbrust *f*
devant *m* de chemise
davantino *m* della camicia; pettino *m* della camicia; sparato *m*
pechera *f* *(de la camisa)*

1095. shirt collar
Hemdkragen *m*
col *m* de chemise
colletto *m* di camicia
cuello *m* de camisa

1096. shirt-front
Hemdbrust *f*; Plastron *m(n)*
devant *m* de chemise; plastron *m*
davantino *m* della camicia; pettino *m* della camicia; sparato *m*; plastron *m*
pechera *f* (de la camisa); plastrón *m*

1097. shirt with french cuffs
Manschettenhemd *n*
chemise *f* à poignets mousquetaire
camicia *f* a polsini gemelli; camicia *f* a polsini doppi; davantino *m* della camicia; pettino *m* della camicia; sparato *m*
camisa *f* de puño doble vuelto; pechera *f* *(de la camisa)*

1098. shoesstring (shoulder) straps *pl*
Spaghettiträger *mpl*
bretelles *fpl* spaghetti
bretelline *fpl* spaghetti
tirante *m* espagueti

1099. short-and-long stitch *(for button-holing)*
Knopflochstich *m*
point *m* de boutonnière
punto *m* asola
puntada *f* de ojal

1100. short pants *pl (AE)*
kurze Hose *f*
pantalon *m* court; short *m*
pantaloncini *mpl* corti *(non da sport)*
pantalón *m* corto; shorts *mpl*

1101. shorts *pl*
kurze Hose *f*
pantalon *m* court; short *m*
pantaloncini *mpl* corti *(non da sport)*
pantalón *m* corto; shorts *mpl*

silk revers

1102. short seam
Kurznaht f
couture f courte
cucitura f corta
costura f corta

1103. short sleeve
kurzer Ärmel m
manche f courte
manica f corta
manga f corta

1104. shoulder length
Schulterbreite f (zwischen Halsansatz/
  Schulter und Armkugel)
longueur f de l'épaule
lunghezza f della spalla
anchura f del hombro

1105. shoulder line
Schulterlinie f (waagerechte Konstruktionslinie)
ligne f d'épaule
linea f della spalla
línea f del hombro

1106. shoulder pad
Schulterpolster n
coussin m d'épaule; épaulette f (pièce
  rembourrée à l'intérieur des épaules)
imbottitura f alle spalle
hombrera f

1107. shoulder piece
Schulterklappe f (aufknöpfbar oder fest
  aufgenäht)
épaulette f
spallina f
charretera f

1108. shoulder sleeve
Schulterärmel m
manche f d'épaule prolongée
manica f (di) spalla prolungata
manga f de hombro prolongado

1109. shoulder strap (suspender)
Träger m (an Damenkleidung)
bretelle f (qui passent sur les épaules)
bretellina f; spallina f
tirante m

1110. shrinkproof
nicht einlaufend
irrétrécissable
irrestringibile
que no encoge; inencogible

1111. side dart
Seitenabnäher m
pince f côté
pince f laterale
pinza f lateral

1112. side length
Seitenlänge f (als Fertigmaß von der
  Bundnaht bis zur Saumkante)
longueur f côté
lunghezza f laterale
largo m lateral

1113. side panel
Seitenteil n
panneau m côté
pannello m laterale
panel m de costado

1114. side panel (of a skirt)
Seitenbahn f (eines Rockes)
panneau m côté (d'une jupe)
pannello m laterale (della gonna)
panel m lateral (de la falda)

1115. side pocket
Seitentasche f
poche f côté
tasca f laterale
bolsillo m lateral

1116. side seam
Seitennaht f (linke oder rechte Schließnaht)
couture f côté
cucitura f laterale
costura f lateral

1117. side seam binding
Abdeckung f der Seitennaht
bordage m de la couture (de) côté
profilatura f di cucitura fianchi
ribete m de la costura de costado

1118. silk lapel
Samtblende f
revers m de soie
revers m di seta; finta f di seta (gen)
solapa f de seda

1119. silk revers
Seidenrevers n
revers m de soie
risvolto m di seta
solapa f de seda

1120. simple chainstitch
Einfachkettenstich *m (Gruppe 100 nach DIN 61400)*
point *m* de chaînette simple
punto *m* a catenella semplice
puntada *f* de cadeneta simple

1121. simple fell seam
Einfachkappnaht *f (auch Kappnaht genannt)*
couture *f* rabattue simple
cucitura *f* ribattuta semplice
costura *f* cargada

1122. single-breasted coat
Einreiher *(einreihig geschlossenes Kleidungsstück) (allg)*
manteau *m* droit; veston *m* à une rangée
cappotto *m* monopetto; soprabito *m* monopetto; vestito *m* monopetto
prenda *f* de vestir recta

1123. single hole thread guide
Einloch-Fadenführer *m*
guide-fil *m* à un trou
guidafilo *m* con un occhiello
guíahilo *m* a un solo agujero

1124. single part
Einzelteil *n*
pièce *f* détachée
pezzo *m* singolo
pieza *f* suelta; pieza *f* separada

1125. single-side(d)
einseitig
à un côté
a un solo lato
a un solo lado; unilateral

1126. singlet
Leibchen *n*
corselet *m* léger
bustino *m* leggero
corpiño *m*

1127. single thread blindstitch
einfädiger Blindstich *m*
point *m* invisible à un fil
punto *m* invisibile a un filo
puntada *f* invisible a un solo hilo

1128. size
Größe *f*
taille *f (d'un vêtement)*; pointure *f (préf)*
taglia *f*
talla *f*

1129. size designation of garment
Größenbezeichnung *f* von Bekleidung
désignation *f* de la taille du vêtement
indicazione *f* della taglia dell'abbigliamento
denominación *f* de tallas de ropa

1130. size of ready-to-wear clothing
Konfektionsgröße *f*
taille *f* de confection
taglia *f* di confezione
talla *f* de confección

1131. skipped stitch
Fehlstich *m (keine Verschlingung zwischen den Nähfäden)*
point *m* manqué
punto *m* saltato
puntada *f* saltada; puntada *f* fallada

1132. skirt
Rock *m*
jupe *f*
gonna *f*
falda *f*

1133. skirt back
hinteres Rockteil *n*
dos *m* de jupe
dietro *m* della gonna
fondo *m* de la falda

1134. skirt braid
Rockborte *f*
bordé *m* de la jupe
battitacco *m* della gonna
galón *m* de la falda

1135. skirt flap
Rockschoß *m (Damenrockschoß)*
pan *m* de jupe
falda *f* (della gonna)
faldón *m* de la falda

1136. skirt hem-line marker
Rockrunder *m*
appareil *m* pour marquer la longueur de jupes
apparecchio *m* per marcare la lunghezza delle gonne
aparato *m* marcador del bajo de la falda

1137. skirt length
Rocklänge *f (Fertigmaß in der Mitte oder über den Seitennähten)*
longueur *f* de la jupe
lunghezza *f* della gonna
largo *m* de la falda

1138. skirt length gauge
Rocklängen-Messgerät n
dispositif m pour mesurer la longueur des jupes
dispositivo m di misurazione della lunghezza delle gonne
dispositivo m de medir el largo de la falda

1139. skirt revers
Rockaufschlag m
revers m de bas de la jupe
bavero m della gonna; risvolto m della gonna
vuelta f de la falda

1140. skirt with (shoulder) straps
Trägerrock m
jupe f à bretelles
gonna f con bretelle
falda f con tirantes

1141. skirt with unpressed pleats
Faltenrock m/ungebügelter
jupe f plissée à plis non-repassées
gonna f plissettata a pieghe non stirate
falda f plisada no planchada; falda f de tablas no planchada

1142. skirt yoke
Rocksattel m (Damenrocksattel)
empiècement m de jupe
sprone m della gonna
canesú m de la falda

1143. slack end
schlaffer Faden m
fil m détendu; fil m lâche
filo m più lento di quelli adiacenti
hilo m flojo

1144. slacks pl
Slacks pl (gerade geschnittene Damenhose mit Bügelbrüchen)
pantalon m droit et lâche de femme
pantaloni mpl diritti e sciolti da donna; calzoni mpl
pantalón m de ciudad de señora (de corte recto)

1145. slashed neckline
Schlupfausschnitt m
encolure f de passage
scollatura f di passaggio (per infilarsi l'abito)
escote m de vestir (por la cabeza)

1146. slash pocket
Tasche f/eingesetzte
poche f coupée
tasca f intagliata
bolsillo m insertado

1147. sleepwear (coll)
Nachtwäsche f (Koll)
lingerie f de nuit (coll)
biancheria f (personale) per la notte (coll)
prendas fpl de dormir (col)

1148. sleeve
Ärmel m
manche f
manica f
manga f

1149. sleeveband hem
Bündchen n (Saumabschluss an Ärmeln)
bande f rapportée (à l'extrémité d'une manche)
manicotto m (al polso di un vestito)
puño m

1150. sleeve cuff
Ärmelaufschlag m (zierendes Stoffteil am Saum eines Ärmels)
parement m (replié sur la manche et non sur lui-même)
risvolto m della manica
vuelta f de manga (guarnición de la bocamanga)

1151. sleeve dart
Ärmelabnäher m
pince f de manche
crespa f dell'attaccatura manica
pinza f de manga

1152. sleeve gather
Kräuselnaht f des Ärmels
fronce f de la manche
increspatura f della manica
costura f de embebido de la manga

1153. sleeve gore
Ärmelkeil m
pointe f de manche
gheda f manica
gaya f de la manga

1154. sleeve gusset
Ärmelkeil m
pointe f de manche
gheda f manica
gaya f de la manga

1155. sleeve head
Ärmelkugel *f*
tête *f* de manche
tromba *f* manica
copa *f* de la manga

1156. sleeve head dart
Kugelabnäher *m*
pince *f* de la tête de manche
pince *f* della testa di manica
pinza *f* de la copa de la manga

1157. sleeve hem
Ärmelsaum *m* *(unterer Anschluss)*
bas *m* de manche
fondo *m* (di) manica
boca-manga *f*; dobladillo *m* de la manga

1158. sleeve hem turn-up
Ärmelsaumeinschlag *m*
repli *m* du bas de manche
ripiega *f* del fondo (di) manica
remetido *m* del dobladillo de la manga

1159. sleeve (ironing-)board
Ärmelbügelbrett *n*
planche *f* à repasser les manches
asse *f* da stiro manica
tabla *f* de planchar mangas

1160. sleeveless
ärmellos
sans manches
senza maniche
sin manga

1161. sleeveless undershirt *(men's)*
Achselhemd *n*
gilet *m* sans manches *(de femme)*; maillot *m* *(d'homme)*
corpetto *m*; maglia *f*
camiseta *f* sin mangas

1162. sleeveless vest *(ladies')*
Achselhemd *n*
gilet *m* sans manches *(de femme)*; maillot *m* *(d'homme)*
corpetto *m*; maglia *f*
camiseta *f* sin mangas

1163. sleeve placket slit of shirt
Hemdärmelschlitz *m*
fente *f* de la manche de chemise
apertura *f* del polsino di camicia
abertura *f* de la manga de la camisa

1164. sleeve puff
Ärmelpuffe *f*
gigot *m* (de) manche
sbuffo *m* (di) manica
manguito *m*

1165. sleeve tab
Ärmelspange *f* *(oberhalb des Ärmelsaumes, mit/ohne Knopf, auch verstellbar)*
patte *f* de manche
alamaro *m* (di) manica
pata *f* de manga; ceñidor *m* de manga

1166. sleeve tightener
Ärmelspange *f*/verstellbare
patte *f* de manche de réglage *(préf)*;
    patte *f* de manche ajustable
alamaro *m* di manica regolabile *(fermaglio)*
ceñidor *m* de manga ajustable

1167. sleeve vent or sleeve slit
Ärmelschlitz *m* *(Saumöffnung in der Ellbogennaht)*
fente *f* (de bas) de manche; fente *f* de poignet
apertura *f* del fondo (di) manica; spacco *m* del fondo (di) manica
abertura *f* de la manga *(en la costura posterior)*

1168. sleeve width at wrist level
Handgelenk-Ärmelweite *f*
largeur *f* de la manche au poignet
larghezza *f* della manica alla giuntura
ancho *m* del puño de la manga

1169. slide fastener *(AE)*
Reißverschluss *m*
fermeture *f* à glissière
chiusura *f* lampo
cremallera *f*

1170. sliding keeper of the belt
lose Gürtelschlaufe *f*
coulant *m* de la ceinture *(passant mobile)*
passante *m* amovibile della cintura
pasador *m* del cinturón suelto

1171. sliding ring of a belt *(pref)*
lose Gürtelschlaufe *f*
coulant *m* de la ceinture *(passant mobile)*
passante *m* amovibile della cintura
pasador *m* del cinturón suelto

1172. slimmer fit *(form)*
schlanker Schnitt *m*
coupe *f* cintrée

linea *f* a vita
corte *m* delgado

1173. slims *pl*
Keilhose *f*
pantalon *m* fuseau
pantaloni *mpl* a fuso
pantalón *m* con cinta bajopie; pantalón *m*
de trabilla

1174. slip-on
Überschlupfkleidung *f*
vêtement *m* à enfiler
vestito *m* facile da infilare
ropa *f* fácil de poner

1175. slip-on cut
Slipon-Schnitt *m*
façon *f* de vêtement à enfiler; façon *f*
style slip-on
facon *f* dell'indumento facile da infilare
corte *m* estilo slipon *(fácil de poner)*

1176. slit
Schlitz *m (An- und Auskleideschlitz)*
taillade *f (pour mettre facilement une
robe)*; ouverture *m*
intaglio *m (per indossare facilmente un
abito)*; apertura *f (pref)*
abertura *f (para poner y quitar una prenda)*

1177. slit skirt
geschlitzter Rock *m*
jupe *f* à fente
gonna *f* con spacco
falda *f* acuchillada

1178. slit stop
Schlitzriegel *m*
arrêt-fente *m*
cucitura *f* di fissatura dello spacco o
dell'intaglio
presilla *f* de la bragueta

1179. small change pocket
Münztasche *f*
poche *f* de monnaie
tasca *f* per gli spiccioli
bolsillo *m* monedero

1180. soft collar
weicher Kragen *m*
col *m* mou
colletto *m* floscio
cuello *m* blando

1181. soft line
weiche Linie *f (auch Softline)*
ligne *f* souple
linea *f* morbida
línea *f* suave

1182. soft line *(for casual wear)*
Softline *f (bequeme Formgestaltung)*
ligne *f* molle, légère
linea *f* soffice
línea *f* suave

1183. spare collar
Reservekragen *m*
col *m* de rechange; col *m* de réserve
colletto *m* di riserva
cuello *m* de reserva

1184. specimen *(of clothing item)*
Musterteil *n (Kleidungsstück)*
spécimen *m (pièce de vêtement)*
modello *m* campione
muestra *f* tipo; prenda *f* de muestra

1185. spoke stitch
Leiterstich *m*
point *m* échelle
punto *m* a (forma di) scala
puntada *f* a escalera

1186. spool
Spule *f*
bobine *f*; canette *f (recevant le fil inférieur)*
bobina *f*; spoletta *f (della macchina per
cucire)*; rocchetto *m*
bobina *f*; canilla *f*

1187. (spot bonded) interlining
Fixiereinlage *f (zur punktförmigen Verbindung)*
triplure *f* (à liage par points)
rinforzo *m* di termofissaggio per punti
refuerzo *m* de termofijación por puntos;
entretela *f* termofijable por puntos

1188. spot bonding
Punktbondieren *n*
liage *m* par points
collegamento *m* a punti
conexión *f* por puntos

1189. spreading in lays
Lagenlegen *n*
mise *f* en matelas; étalage *m* du matelas
avant la coupe

approntamento *m* dei materassi (di tessuto); formazione *f* del materasso (di tessuto)

extendido *m* de las capas

1190. spreading machine *(in lays for tayloring)*
Legemaschine
metteuse *f* en plis; étaleuse *f*
macchina *f* per approntare materassi (di tessuti)
máquina *f* de extender *(tejidos)*

1191. spreading table
Legetisch *m*
table *f* d'étalage
tavola *f* per approntare materassi (di tessuti)
mesa *f* de extender *(tejidos)*

1192. staggered stitch
Flatterstich *m*
point *m* (de couture) flottant
punto *m* svolazzante
puntada *f* flotante; puntada *f* vacilante

1193. standard size
normale Größe *f*
taille *f* normale
taglia *f* normale
talla *f* normal

1194. stand-up collar *(pref)*
Stehkragen *m* *(ohne Umschlagteil)*; Chinesenkragen *m*
col *m* montant *(formé d'une bande cousue sur une encolure ronde)*
colletto *m* alla coreana; colletto *m* alto *(pref)*; colletto *m* cinese
cuello *m* levantado

1195. stand-up pleat
aufspringende Falte *f*
plis *m* ouvert
piega *f* aperta
pliegue *m* abierto

1196. stay button
Gegenknopf *m*
contre-bouton *m*
controbottone *m*
contrabotón *m*

1197. stay ribbon
Eckenband *n* *(nicht elastisches Band mit festen Webkanten gegen Ausdehnen von Bekleidungsbestandteilen)*
extra-fort *m* *(pour bords)*

nastro *m* rinforzato *(per bordi)*
ligueta *f* de canto; tira *f* de refuerzo de cantos

1198. steam *v*
aufdämpfen *v*
traiter *v* à la pattemouille
trattare *v* mediante vapore
tratar *v* al vapor; vaporizar *v*

1199. steaming
Dampfbehandlung *f*
traitement *m* à vapeur
trattamento *m* con vapore
tratamiento *m* con vapor

1200. steaming dummy
Dampfbüste *f*
mannequin-forme *f* vaporisant
manichino *m* per la stiratura a vapore
maniquí *m* para planchado a vapor

1201. steam iron
Dampfbügeleisen *n*
fer *m* à repasser à vapeur
ferro *m* da stiro a vapore
plancha *f* a vapor

1202. steam ironing dummy
Dampfbüste *f*
mannequin-forme *f* vaporisant
manichino *m* per la stiratura a vapore
maniquí *m* para planchado a vapor

1203. stem stitch *(of a button)*
Knopfstielstich *m* *(zum Nähen des Halses zwischen dem Knopf und dem Stoff)*
point *m* de tige de bouton
punto *m* di gambo (dell'attaccatura) del bottone
puntada *f* para hacer el tallo del botón

1204. step collar
fallendes Revers *n*
cran *m* ouvert ou baissé
risvolto *m* aperto; revers *m* aperto
solapa *f* de punta descendiente; cran *m* abierto

1205. step-ins *pl*
Höschen *n* *(Damenhöschen)*
culotte *f* de femme *(retenu à la taille par un élastique)*
mutandine *fpl* da donna; calzoncini *mpl* da donna
fajita *f* panty

1206. step lapel
steigendes Revers *n*
cran *m* aigu *(préf)* cran *m* à pointe; revers *m* à pointe; revers *m* serré
risvolto *m* a lancia; risvolto *m* a punta ascendente
solapa *f* de punta ascendiente; cran *m* cerrado

1207. stiff collar
steifer Kragen *m*
col *m* dur
colletto *m* duro
cuello *m* duro

1208. stitch
Stich *m (Element einer Fadenlegung)*
point *m (de couture par fil)*
punto *m (di cucito con filo)*
puntada *f*

1209. stitch change
Stichwechsel *m*
changement *m* du point
cambiamento *m* del punto
cambio *m* de puntada

1210. stitch density
Stichdichte *f (Anzahl der ausgeführten Stiche auf eine Längeneinheit)*
densité *f* des points
densità *f* dei punti
densidad *f* de puntadas

1211. stitch diagram
Stichbild *n*
schéma *m* de points
diagramma *m* dei punti
esquema *m* de puntadas

1212. stitching
Nähen *n*
couture *f*
cucitura *f (l'azione)*
cosido *m*

1213. stitching machine
Nähmaschine *f*
machine *f* à coudre
macchina *f* per cucire
máquina *f* de coser

1214. stitch size
Stichgröße
dimension *f* du point
dimensione *f* del punto
dimensión *f* de la puntada

1215. stitch tension
Stichspannung *f*
tension *f* des points
tensione *f* dei punti
tensión *f* de las puntadas

1216. stitch width
Stichbreite *f (Ausdehnung eines Stiches quer zur Vorschubrichtung)*
largueur *f* du point
larghezza *f* del punto
anchura *f* de la puntada

1217. stop lever
Abstellhebel *m*
levier *m* d'arrêt
leva *f* d'arresto
palanca *f* de parada

1218. store clothes *pl (AE) (coll)*
Konfektionsbekleidung *f (Koll)*; Fertigklei-dung *f (Koll)*
vêtement *m* prêt-à-porter *(coll)*; prêt-à-porter *m (coll)*
abbigliamento *m* di confezione *(coll)*; confezioni *fpl* pronte; vestiti *mpl* confe-zionati *(coll)*
ropa *f* de confección *(col)*; ropa *f* confec-cionada *(col)*

1219. straight *(pref)*
gerade fallend
droit *(non cintré)*
diritto
de caída *f* recta

1220. straight angle
gerade Ecke *f*
coin *m* droit
angolo *m* diritto
ángulo *m* derecho

1221. straight(-away) stitch
Geradstich *m*
point *m* rectiligne ou droit
punto *m* rettilineo
puntada *f* recta

1222. straight bottom of trousers
Hosensaum *m*/gerade geschnittener
bas *m* droit de pantalon
fondo *m* diritto della gamba dei panta-loni
bajo *m* recto del pantalón

1223. straight corner
gerade Ecke *f*
coin *m* droit

angolo *m* diritto
ángulo *m* derecho

1224. straight neckline
gerader Ausschnitt *m*
encolure *f* droite
scollatura *f* diritta
escote *m* recto

1225. straight stitch seam
Bestechnaht *f*
jointure *f* au point droit
cucitura *f* a punto retto
costura *f* a puntada recta

1226. straight trouser hem
Hosensaum *m*/gerade geschnittener
bas *m* droit de pantalon
fondo *m* diritto della gamba dei pantaloni
bajo *m* recto del pantalón

1227. strap *(of trousers)*
Steg *m (Hosensteg; verstürzter Stoffstrei-fen)*
sous-pied *m (de pantalon)*
staffa *f (di pantaloni)*
cinta *f* bajopie

1228. strap for fixing
Befestigungsband *n*
sangle *f* de fixation
cinghia *f* di fissaggio
cinta *f* de fijación

1229. strapless
trägerlos
sans bretelles
senza bretelline
sin tirantes

1230. strapless bodice [corsage]
trägerloses Kleideroberteil *n*
buste *m* de robe sans bretelles; corsage
m de robe sans bretelles
corpino *m* senza bretelle
cuerpo *m* del vestido sin tirantes

1231. stretch braid
Stretchborte *f*
bordé *m* élastique *(à élasticité conferée)*
treccia *f* elasticizzata
cinta *f* elástica

1232. stretch pucker
elastische Kräuselnaht *f*
fronce *f* élastique

crespa *f* elastica *(per cucitura d'increspa-tura)*; cucitura *f* elastica d'increspatura
costura *f* elástica de embebido

1233. striking fancy seam
markante Ziernaht *f*
couture *f* d'ornement marquante
cucitura *f* ornamentale pronunciata
costura *f* de adorno pronunciada

1234. striking ornamental seam
markante Ziernaht *f*
couture *f* d'ornement marquante
cucitura *f* ornamentale pronunciata
costura *f* de adorno pronunciada

1235. striped trousers *pl (appropriate to a cutaway coat)*
Cut-Hose *f*
pantalon *m* rayé *(porté à la jaquette de cérémonie)*
pantaloni *mpl* a righe *(alla giacca a coda di rondine)*
pantalón *m* listado *(llevado con levita)*

1236. St. Tropez trousers *pl*
Nabelhose *f*
pantalon *m* St. Tropez
pantaloni *mpl* St. Tropez
pantalón *m* St. Tropez

1237. Stuart collar
Stuartkragen *m*
col *m* Stuart
colletto *m* alla Stuarda
cuello *m* Stuart

1238. stuffed
gepolstert
rembourré
imbottito
acolchado

1239. suit
Anzug *m*
complet *m (gen)*; costume *m (complet)*
abito *m* completo *(da uomo)*; vestito *m*
composto di giacca e pantaloni *(com-pleto)*
traje *m*

1240. (suit) coat *(man's)*
Sakko *m (als Anzugbestandteil)*
veston *m (veste qui fait partie d'un com-plet d'homme; on le nomme aussi bien veste dans la langue courante)*
giacca *f (d'abito completo da uomo)*
americana *f*

1241. (suit) coat with one button
Einknopfsakko *m*
veston *m* à un bouton
giacca *f* monopetto *(da uomo)*
chaqueta *f* a un botón

1242. suit size
Anzuggröße *f*
taille *f* du complet
taglia *f* dell'abito completo
talla *f* de traje

1243. suit trousers *pl*
Anzughose *f*
pantalon *m* de complet
pantaloni *mpl* dell'abito completo
pantalón *m* de traje

1244. sunburst pleats *pl*
Sonnenplissee *n*
plissé *m* soleil
plissé *m* a (forma di) sole
plisado *m* sol

1245. sundress
Sonnen-Top-Kleid *n (schulterlos)*
robe *f* bain-de-soleil
abito *m* da spiaggia prendisole
vestido *m* playero *(de hombros desnu-dos)*; vestido *m* top

1246. sunray pleats *pl*
Sonnenplissee *n*
plissé *m* soleil
plissé *m* a (forma di) sole
plisado *m* sol

1247. superposed seam
Überlapp(ungs)naht *f (die Nähgutkanten liegen offenkantig übereinander)*
couture *f* superposée
cucitura *f* sovrapposizionata
costura *f* sobrepuesta

1248. suspended trouser making-up
hängende Hosenfertigung *f*
confection *f* de pantalons suspendues
confezione *f* di pantaloni sospesi
fabricación *f* colgada de pantalones; fabricación *f* suspendida de pantalones

1249. sweater dress
Sweaterkleid *n*
robe-sweater *f*
abito *m* (in stile) sweater *(da donna)*
vestido *m* suéter

1250. swingy skirt
Glockenrock *m*
jupe *f* cloche
gonna *f* a campana
falda *f* acampanada

T

1251. tab
Spange *f (zur Weitenregulierung)*
tirant *m*
tirante *m*
hebilla *f*

1252. tab collar
Tab-Kragen *m (mit Lasche)*
col *m* à bride
colletto *m* a tesa
cuello *m* de lazo

1253. tacking stitch
Heftstich *m*
point *m* de bâtissage
punto *m* d'imbastitura
puntada *f* de hilván

1254. tail *(shirt-tail)*
Schoß *m*
pan *m*; basque *f (prolongement amovible ou rapporté d'une veste ou d'un corsage, qui retombe en forme de petite jupe sur les hanches)*
falda *f*
faldón *m*

1255. tailor
Schneider *m*
tailleur *m (d'habits)*
sarto *m*
sastre *m*

1256. tailor's measuring tape
Schneiderbandmaß *n*
mètre-ruban *m* de tailleur
metro *m* a nastro da sarto
cinta *f* métrica de sastre

1257. tailor's schears *pl*
Schneiderschere *f*
ciseaux *mpl* de tailleur
forbici *fpl* da sarto
tijera *f* de sastre

1258. tailor's trimmings *pl*
Zutaten *fpl (alle Materialien außer dem Oberstoff)*
fournitures *fpl (de tailleur)*
forniture *fpl* da sarto
fornituras *fpl* de sastre

1259. tailored suit *(ladies')*
Kostüm *n (besser Tailleur)*
tailleur *m*
tailleur *m*
traje *m* sastre *(para señora)*; traje *m* chaqueta *(para señora)*

1260. tailor-made suit
Maßanzug *m*
costume *m* sur mesure *(suivant les mesures d'une personne)*
abito *m* completo su misura *(da uomo)*
traje *m* a medida

1261. take *v* **measure**
maßnehmen *v*
prendre *v* les mesures
prendere *v* le misure
tomar *v* medida

1262. taper bar(tack)
Keilriegel *m*
arrêt *m* en pointe; bride *f* fuseau
travetta *f* a cuneo
presilla *f* de cuña

1263. tapered toe revers and collar
(the ensemble)
Spitzenfasson *n (mit steigendem Revers)*
revers *m* à pointe et col *m (l'ensemble)*
risvolto *m* a punta e colletto *m (l'insieme)*
solapa *f* de punta ascendiente y cuello *m (en conjunto)*

1264. tapered trousers *pl*
Keilhose *f*
pantalon *m* fuseau
pantaloni *mpl* a fuso
pantalón *m* con cinta bajopie; pantalón *m* de trabilla

1265. taping
Anbringen *n* von Posamenten
pose *f* de passementerie
applicazione *f* di passamano
puesta *f* de pasamanería; aplicación *f* de pasamanería

1266. teenage garment *(coll)*
Jugendbekleidung *f (Koll)*
vêtement *m* pour jeunes *(coll)*; vêtement *m* pour adolescents *(coll)*
abbigliamento *m* per i giovani *(coll)*
ropa *f* juvenil *(col)*

1267. tee-shirt
T-Shirt *n (ergibt mit ausgebreiteten Ärmeln den Buchstaben T)*
T-shirt *f*
T-shirt *f*
camiseta *f (de manga corta o larga)*

1268. tensionless seam
verzugsfreie Naht *f*
couture *f* non-déformée (par tension)
cucitura *f* non deformata (per tensione)
costura *f* sin desfase

1269. thermal underwear *(coll)*
Gesundheitswäsche *f (Koll)*
sous-vêtement *m* de santé *(coll)*
biancheria *f* (intima) sanitaria *(coll)*
ropa *f* interior de sanidad *(col)*

1270. thermofixing *(of interlining)*
Fixieren *f (Verbinden beschichteter Einlagen mit der linken Warenseite von Schnittteilen durch Heißpressen oder Heißbügeln)*
thermofixage *m*
termofissaggio *m*
termofijado *m*

1271. thimble
Fingerhut *m*
dé *m* à coudre
ditale *m*
dedal *m*

1272. thread
Faden *m*
fil *m (unique)*
filo *m*
hilo *m*

1273. thread *v*
auffädeln *v*
soufiler *v*
infilare *v*
enhebrar *v*

1274. thread controller
Fadenwächter *m (an der Nähmaschine)*
casse-fil *m (sur la machine à coudre)*
dispositivo *m* d'arresto del filo
detector *m* de hilo; vigilahilos *m*

1275. thread drawing-off
Fadenabzug *m*
tirage *m* du fil
svolgimento *m* del filo
fluir *m* del hilo

1276. thread guiding
Fadenführung *f*
guidage *m* du fil
guidafilo *m*
guíahilo *m*

1277. threading *(of sewing thread)*
Einfädeln *n* *(des Nähfadens)*
enfilage *m* *(du fil à coudre)*
infilatura *f* *(del filo cucirino)*
enhebrado *m*

1278. thread line
Fadenlauf *m*
parcours *m* du fil
corsa *f* del filo
recorrido *m* del hilo

1279. thread slippage
Nähfadenschlupf *m*
glissement *m* du fil de couture
scorrimento *m* del filo cucirino
deslizamiento *m* del hilo de coser

1280. thread stop-motion
Fadenwächter *m* *(an der Nähmaschine)*
casse-fil *m* *(sur la machine à coudre)*
dispositivo *m* d'arresto del filo
detector *m* de hilo; vigilahilos *m*

1281. thread tension
Nähfadenspannung *f*
tension *m* du fil de couture
tensione *f* del filo cucirino
tensión *f* del hilo de coser

1282. three-needle covering stitch
Dreinadel-Deckstich *m*
point *m* de recouvrement à trois aiguilles
punto *m* di copertura a tre aghi
puntada *f* de recubrir de tres agujas

1283. three-needle flat seam
Dreinadel-Flachnaht *f*
couture *f* plate (à) trois aiguilles
cucitura *f* piatta a tre aghi
costura *f* plana a tres agujas

1284. three-piece
Troispièces *n*
trois-pièces *fpl*

completino *m* di tre indumenti
tres piezas *m*

1285. three-piece sleeve
dreiteiliger Ärmel *m*
manche *f* à trois-pièces
manica *f* trepezzi
manga *f* tres piezas

1286. three-piece suit *(jacket, skirt and
trousers)*
dreiteiliger Damenanzug *m* *(Jacke, Rock
und Hose)*
tailleur *m* trois-pièces *(veste, jupe et
pantalon)*
tailleur *m* trepezzi *(giacca, gonna e pantaloni)*
traje *m* sastre combinado de señora
(chaqueta, falda y pantalón)

1287. three-piece suit *(men's)*
dreiteiliger Herrenanzug *m* *(Sakko, Hose
und Weste)*
costume *m* à trois-pièces *(composé de
veston, pantalon et gilet)*
vestito *m* trepezzi *(composto di giacca,
gilè e pantaloni)*
traje *m* tres piezas *(chaqueta, pantalón y
chaleco)*

1288. three-quarter length
Dreiviertellänge *f*
longueur *f* trois-quarts
lunghezza *f* a tre quarti
largo *m* a tres cuartos

1289. three-quarter length coat
Mantel *m*/dreiviertellanger
manteau *m* trois-quarts *(de femme)*;
pardessus *m* trois-quarts *(d'homme)*;
trois-quarts *mpl*
giaccone *m* a tre quarti
abrigo *m* tres cuartos

1290. three-quarter-length trousers *pl*
Caprihose *f*
pantalon *m* corsaire *(qui s'arrête à mi-
mollet)*
pantaloni *mpl* alla pescatora
pantalón *m* a la pescadora; pantalón *m*
Capri

1291. three-quarter sleeve
Dreiviertelarm *m*
manche *f* trois-quarts
manica *f* a tre quarti
manga *f* tres cuartos

1292. three-quarter trousers *pl*
Dreiviertelhose *m*
pantalon *m* trois-quarts
pantaloni *mpl* a tre quarti
pantalón *m* tres cuartos

1293. through pocket
Durchgrifftasche *f (keine echte Tasche)*
passe-bras *m (poche fausse)*
tasca *f* passamento *(attraverso di una cappa)*
abertura *f* paso de mano

1294. thrust-in-pocket
Schubtasche *f (schräg, paspeliert oder mit Leiste)*
poche *f* oblique sans patte
tasca *f* obliqua senza patta
bolsillo *m* de boca inclinada *(sin cartera)*

1295. ticket pocket
Billettasche *f (an der rechten Außenseite der Oberbekleidung oder im Taschenbeutel der rechten Tasche)*
poche-ticket *f*
tasca *f* di biglietti
bolsillo *m* billetero

1296. tie collar
Fallkragen
col *m* cravatte; col *m* écharpe
colletto *m* a cravatta
cuello *m* de lazada; cuello *m* a corbata

1297. tiered skirt
Stufenrock *m*
jupe *f* en gradins
gonna *f* a gradini
falda *f* escalonada

1298. tiered volants *pl*
Stufenvolant *n*
volant *m* en gradins
volant *m* a gradini
volante *m* escalonado

1299. tight-fit(ted)
eng tailliert
cintré serré
a vita attillata
ceñido; muy entallado

1300. tight-fitting
eng anliegend
collant; près du corps
attillato
ceñido al cuerpo

1301. tight-fitting clothing
eng anliegende Bekleidung *f*
vêtement *m* collant
vestiario *m* attillato
ropa *f* ceñida; ropa *f* entallada

1302. T-line
T-Linie *f (mit waagerechten Ärmeln und gerade geschnittenem Rumpf)*
ligne *f* en T
linea *f* in (forma di) T
línea *f* (en forma de) T

1303. tongue
Zunge *f (laschenartig)*
languette *f*
linguetta *f*
lengüeta *f*

1304. top-collar *(pref)*
Oberkragen *m (Teil des Kragens, der nach außen hin sichtbar ist)*
dessus *m* (de) col
sopraccollo *m*
cuello *m* superior; tapa *f* del cuello

1305. top-collar fall
Kragenumschlag *m (nach außen bei eingebügeltem Kragenbruch)*
tombant *m* du (dessus de) col
cadenza *f* del sopraccollo
caída *f* del cuello exterior

1306. top-collar interlining
Oberkrageneinlage *f*
triplure *m* du dessus (de) col
rinforzo *m* del sopraccollo
refuerzo *m* de la tapa del cuello; entretela *f* de la tapa del cuello

1307. top fusing
Direktversiegeln *n*
thermofixage *m* direct
termofissaggio *m* (per fusione) diretto
termofijado *m* directo; termosellado *m* directo

1308. top-part
Oberteil *n(m)*
dessus *m* (d'un vêtement)
sopra *m*
parte *f* superior

1309. top-side fly lining
Hosenschlitz-Gegenfutter *n*
doublure *f* de devant de la braguette
fodera *f* della patta dei pantaloni
contraforro *m* de la bragueta del pantalón

1310. top-sleeve
Oberärmel *m*
dessus *m* de manche
soprammanica *f*
manga *f* cimera

1311. top-sleeve head
Oberärmelkugel *f*
tête *m* du dessus de manche
tromba *f* della soprammanica
copa *f* de la manga cimera

1312. top-sleeve width
Oberärmelweite *f* (als Fertigmaß)
largeur *f* du dessus de manche
larghezza *f* della soprammanica
anchura *f* de la manga cimera

1313. trap
Fangband *n*
lien *m*
reggetta *f* (un nastro)
cinta *f* detentora

1314. trapeze neckline
Trapezausschnitt *m*
encolure *f* en trapèze
scollatura *f* a (forma di) trapezio
escote *m* en forma de trapecio

1315. trenchcoat
Trenchcoat *m* (mit großem Kragen, wuchtigem Revers, Achselklappen, Ärmelspangen und Ringsgurt)
trench-coat *m*
trench *m*
trinchera *f*

1316. trial production
Probefertigung *f*
production *f* d'essai
produzione *f* di prove
producción *f* de prueba; producción *f* de ensayo

1317. trimmed with fur
pelzbesetzt
garni de fourrure
guarnito di pelliccia
guarnecido de piel

1318. trimmings *pl*
Dekor *m*
décor *m*
ornamento *m*
decorado *m*; adorno *m*

1319. trimming seam
Versäuberungsnaht *f* (gegen Ausfransen abgesichert); Staffiernaht *f* (Blindstichnähte zum Befestigen von Saumeinschlägen und Besetzen)
couture *f* de surjet contre l'effilochement; couture *f* de garniture (invisible)
cucitura *f* a sopraggitto contro la sfilacciatura; cucitura *f* a punto incrociato (invisibile)
costura *f* de sobrehilado; costura *f* overlock; costura *f* a puntada invisible

1320. trimming with galloon
Galonieren *n* (mit Tresse besetzen)
galonnage *m*
gallonatura *f*
galoneadura *f*

1321. triple seam
Dreifachnaht *f*
couture *f* triple
cucitura *f* tripla
costura *f* triple

1322. tropical wear (coll)
Tropenkleidung *f* (Koll)
vêtement *m* tropical (coll)
vestiti *mpl* tropicali (coll)
ropa *f* tropical (col)

1323. trouser back
Hinterhose *f*
dos *m* de pantalon
dietro *m* dei pantaloni
pantalón *m* trasero

1324. trouser bottom
Hosensaum *m*
bas *m* de pantalon
fondo *m* della gamba dei pantaloni
bajo *m* del pantalón

1325. trouser (bottom) binding
Hosenstoßband *n*
talonnette *f* de pantalon (ruban que l'on coud à l'intérieur du bas de la jambe d'un pantalon)
nastro *m* di protezione del fondo della gamba dei calzoni
cinta *f* talonera

1326. trouser button
Hosenknopf *m*
bouton *m* de pantalon
bottone *m* per calzoni o pantaloni
botón *m* del pantalón

1327. trouser crease
Hosenbügelfalte f
pli m de pantalon
piega f dei pantaloni o dei calzoni
raya f del pantalón

1328. trouser crotch piece
Zwischenbeinkeil m
chanteau m d'entrejambe
cavallino m dei pantaloni
gaya f de entrepiernas; cuchillo m de entrepiernas; gavilán m

1329. trouser cuff *(AE)*
Hosenumschlag m *(am Saum der Hosenbeine)*
revers m de pantalon; bas m (de pantalon) relevé
fondo m con risvolto (della gamba) dei pantaloni; risvolto m dei pantaloni
vuelta f de la pernera del pantalón

1330. trouser cuff (protector) binding
Hosenstoßband n
talonnette f de pantalon *(ruban que l'on coud à l'intérieur du bas de la jambe d'un pantalon)*
nastro m di protezione del fondo della gamba dei calzoni
cinta f talonera

1331. trouser fall
Hosentürchen n
pont m de pantalon *(une partie du devant que s'attache à la ceinture par boutonnage)*
brachetta f dei pantaloni
bragueta f del pantalón

1332. (trouser) fly
Hosenschlitz m
braguette f
brachetta f dei pantaloni; apertura f dei pantaloni; patta f dei pantaloni
bragueta f del pantalón

1333. trouser footstrap
Hosensteg m
sous-pied m du pantalon *(patte élastique, qui passe sous le pied)*
staffa f *(di pantaloni)*
cinta f bajopie

1334. trouser hem *(pref)*
Hosensaum m
bas m de pantalon

fondo m della gamba dei pantaloni
bajo m del pantalón

1335. trouser hook
Hosenhaken m
crochet m à pantalon
gancio m di pantaloni
gancho m del pantalón

1336. trouser leg
Hosenbein n
jambe f de pantalon
gamba f dei calzoni
pernera f *(del pantalón)*

1337. trouser manufacture
Hosenfertigung f
confection f de pantalons
confezione f di pantaloni
confección f de pantalones

1338. trouser press
Hosenpresse f
presse f pour pantalons
pressa f per calzoni
prensa f para pantalones

1339. trousers *pl (pref)*
Hose f
pantalon m
pantaloni mpl; calzoni mpl
pantalón m

1340. trousers *pl* **with footstrap**
Steghose f *(mit gummiverstürztem Stoffußsteg)*
pantalon m à sous-pied
pantaloni mpl a staffa
pantalón m con cinta bajopie

1341. trouser shoe-guard
Stoßband n *(Hosenstoßband; mit einseitiger Kantenverstärkung)*
ruban m protège-pantalons; talonnette f *(pour éviter l'usure des jambes d'un pantalon)*
legaccio m dei pantaloni; nastro m dei pantaloni
cinta f talonera

1342. trouser shoe-guard binding
Hosenstoßband n
talonnette f de pantalon *(ruban que l'on coud à l'intérieur du bas de la jambe d'un pantalon)*
nastro m di protezione del fondo della gamba dei calzoni
cinta f talonera

1343. trouser strap
Hosensteg *m*
sous-pied *m* du pantalon *(patte élastique, qui passe sous le pied)*
staffa *f (di pantaloni)*
cinta *f* bajopie

1344. trouser turn-up *(pref)*
Hosenumschlag *m (am Saum der Hosenbeine)*
revers *m* de pantalon; bas *m* (de pantalon) relevé
fondo *m* con risvolto (della gamba) dei pantaloni; risvolto *m* dei pantaloni
vuelta *f* de la pernera del pantalón

1345. trouser underfly
Hosenschlitz-Untertritt *m*
sous-pont *m* de la braguette (de pantalon)
finta *f* inferiore dei pantaloni
aparamento *m* de la bragueta *(montante de la bragueta)*

1346. trouser upperfly
Hosenschlitzübertritt *m*
pont *m* supérieur de la braguette (de pantalon)
finta *f* superiore dei pantaloni
tapeta *f* superior de la bragueta del pantalón

1347. trouser waistband
Hosenbund *m*
ceinture *f* du pantalon
cintura *f* dei pantaloni
pretina *f* del pantalón; cintura *f* del pantalón

1348. trouser waistband seam
Hosenbundnaht *f*
couture *f* (d'assemblage) de la ceinture avec les jambes de pantalon
cucitura *f* della cintura con le gambe dei pantaloni
costura *f* de la pretina del pantalón

1349. trumpet style
Trompetenstil *m*
style *m* trompette
stile *m* tromba
estilo *m* abocinado; estilo *m* trompeta

1350. T-shirt
T-Shirt *n (ergibt mit ausgebreiteten Ärmeln den Buchstaben T)*
T-shirt *f*

T-shirt *f*
camiseta *f (de manga corta o larga)*

1351. tuck *v* up *(sewing)*
falten *v (Bekleidungsbestandteile beim Nähen)*
plier *v (les composants de vêtement pendant la couture)*
pieghettare *v*
plegar *v*; doblar *v*

1352. tucking
Bieseneinnähen *n*
nervurage *m*
attaccatura *f* del filetto piatto o della nervatura
cosido *m* de nervuras

1353. tucking foot
Biesenfuß *m*
pied *m* de nervurage
piedino *m* del filetto piatto
prensatelas *m* de nervuras

1354. tucking of a pleat
Einschlagen *n (einer Falte)*
plissage *m (par couture)*
ripiegatura *f*
doblado *m*; plegado *m*

1355. tucking stitch
Biesenstich *m*
point *m* à nervure
punto *m* al filetto (piatto)
puntada *f* de nervuras

1356. turn-back cuff
aufgeschlagene Manschette *f*
manchette *f* retroussée ou rabattue
polsino *m* rimboccato
puño *m* doble vuelto

1357. turn-down collar
Umlegekragen *m (im Gegensatz zum Stehkragen mit Kragensteg und Umlegeteil)*
col *m* rabattu
colletto *m* rovesciato
cuello *m* vuelto

1358. turn-down flap
Taschenumschlag *m (keine echte Tasche)*
revers *m* de poche
risvolto *m* della tasca
vuelta *f* del bolsillo

1359. turn-down flap of pocket
Taschenaufschlag *m*
revers *m* de poche
risvolto *m* della tasca
cartera *f* del bolsillo

1360. turn-over collar
Umlegekragen *m* *(im Gegensatz zum Stehkragen mit Kragensteg und Umlegeteil)*
col *m* rabattu
colletto *m* rovesciato
cuello *m* vuelto

1361. turtleneck collar
Rollkragen *m* *(schlauchförmig geschnittener Kragen)*; Schildkrötenkragen *m*
col *m* roulé *(formé d'un bord-côte)*; col *m* tortue
colletto *m* arrotolato; girocollo *m* *(pref)*; colletto *m* tartaruga
cuello *m* cisne; cuello *m* alto y vuelto; cuello *m* tortuga

1362. twin-eyeleted
zweiösig
à double œillet
ad occhiello gemellato o doppio
a doble ojete

1363. two-needle edge seam
Zweinadel-Randnaht *f*
couture *f* de bord (à) deux aiguilles
cucitura *f* del bordo a due aghi
costura *f* de canto a dos agujas

1364. two-needle hem seam
Zweinadel-Saumnaht *f*
couture *f* d'ourlet (à) deux aiguilles
cucitura *f* di orlo a due aghi
costura *f* de dobladillo a dos agujas

1365. two-piece
zweiteilig
à deux-pièces
a due pezzi
de dos piezas

1366. two-piece dress
Kleid *n*/zweiteiliges *(Kleid und Jacke)*
ensemble *m* veste et robe; robe *f* en deux-pièces *(robe et veste)*
completo *m* *(giacca e abito da donna)*
vestido *m* de dos piezas; vestido *m* y chaqueta *f*

1367. two-piece item
Zweiteiler *m*
deux-pièces *m*
vestito *m* a due pezzi
prenda *f* de dos piezas

1368. two-piecer *(dress and jacket)*
Kleid *n*/zweiteiliges *(Kleid und Jacke)*
ensemble *m* veste et robe; robe *f* en deux-pièces *(robe et veste)*
completo *m* *(giacca e abito da donna)*
vestido *m* de dos piezas; vestido *m* y chaqueta *f*

1369. two-way convertible collar *(to be worn open or closed)*
Variokragen *m*
col *m* transformable
colletto *m* a doppio uso
cuello *m* de uso variable

1370. two-way pocket
Zweiwegtasche *f*
poche *f* à deux ouvertures
tasca *f* a due aperture
bolsillo *m* de parche de dos bocas

1371. tying stitch (of buttons)
Befestigungsstich *m* (von Knöpfen)
point *m* de nouage (de boutons)
punto *m* di fissaggio (per bottoni)
puntada *f* de fijación; puntada *f* de remate

U

1372. unbuttonable
abknöpfbar
déboutonnable
sbottonabile
desabotonable

1373. underarm shield
Schweißblatt *n*; Armblatt *n*
dessous-(de-)bras *m* *(préservateur de transpiration)*
sott(o)ascella *f*
sobaquera *f*

1374. underarm sleeve dart
Unterärmel-Ellbogennaht *f*
couture *f* de coude du dessous (de) manche
cucitura *f* di gomito della sottomanica
costura *f* de codo de la manga bajera

1375. underarm sleevehole seam
Unterärmel-Armlochnaht f
couture f du dessous (de) manche à
l'emmanchure
cucitura f girosottomanica
costura f de sisa de la manga bajera

1376. underclothes pl (coll)
Unterkleidung f (Koll)
sous-vêtement m (coll); vêtement m (de)
dessous (coll)
indumenti mpl intimi (coll)
ropa f interior (col); ropa f íntima (col)

1377. underclothing ensemble (lady's)
Dessous npl (Ensemble von Damenwäsche)
dessous mpl (ensemble des sous-
vêtements féminins)
dessous mpl (l'insieme della biancheria
intima femminile)
lencería f femenina; ropa f interior femenina

1378. undercollar
Unterkragen m (das Gegenstück von
Oberkragen)
dessous m (de) col
sottocollo m
cuello m inferior

1379. underpants pl
Unterhose f (Herrenunterhose)
caleçon m
mutande fpl (da uomo)
calzoncillos mpl

1380. underpress seam
Ausbügelnaht f
couture f d'assemblage à relarges
cucitura f di ribattitura (per stiratura)
costura f sentada; costura f a planchar

1381. underside hindarm seam
Unterärmel-Ellbogennaht f
couture f de coude du dessous (de)
manche
cucitura f di gomito della sottomanica
costura f de codo de la manga bajera

1382. underside of the seam
Nahtunterseite f
côté m inférieur de la couture; revers m
de la couture (pref)
lato m inferiore della cucitura
revés m de la costura

1383. underside turn-up seam
untere Einschlagnaht f
couture f du bordage du bas
cucitura f del risvolto del fondo
costura f de orillado inferior

1384. undersleeve
Unterärmel m (Teil des Ärmels, der am
Körper anliegt)
dessous m (de) manche
sottomanica f
manga f bajera

1385. underthread
Unterfaden m (des Nähgutes)
fil m inférieur
filo m inferiore
hilo m inferior

1386. underwaist
Untertaille f (hüftlanges Unterhemd)
sous-taille f
camiciola f lunga (fino ai fianchi)
cubre m

1387. underwear (coll)
Unterwäsche f (Koll); Unterkleidung f
(Koll); Wäsche f
sous-vêtement m (coll); vêtement m (de)
dessous (coll); linge m de corps (coll);
lingerie f (coll)
indumenti mpl intimi (coll); biancheria f
(intima) (coll)
ropa f íntima (col); ropa f interior (col)

1388. underwear ensemble (lady's)
Dessous npl (Ensemble von Damenwäsche)
dessous mpl (ensemble des sous-
vêtements féminins)
dessous mpl (l'insieme della biancheria
intima femminile)
lencería f femenina; ropa f interior femenina

1389. undo v **the seam**
auftrennen v/die Naht
découdre v
scucire v
descoser v

1390. unlined
futterlos; ungefüttert
sans doublure; non-doublé
senza fodera; non foderato
sin forro

1391. unpressed pleat
ungebügelte Falte f
pli m non-repassé
piega f non stirata
pliegue m no planchado

1392. unshrinkable
nicht einlaufend
irrétrécissable
irrestringibile
que no encoge; inencogible

1393. upper arm girth
Oberarmumfang m (Körpermaß)
tour m de la part supérieure du bras
circonferenza f della parte superiore del
braccio
perímetro m del brazo

1394. upper arm length (from the
shoulder to the elbow)
Ellbogenlänge f (Abstand zwischen Armkugel und Ellbogenspitze)
longueur f au coude (épaule-coude)
lunghezza f dal condilo (del braccio fino
al gomito)
largo m de brazo a codo

1395. upper shirt (obs)
Oberhemd n (veraltet; Herrenhemd in
klassischer Schnittgestaltung; Kurz-
form: Hemd)
chemise f de dessus (obs)
camicia f (da giorno)
camisa f (clásica)

1396. upperside turn-up
oberer Einschlag m
relevé m du haut
risvolto m dall'alto
doblez m superior; remetido m superior

1397. upper sleeve
Oberärmel m
dessus m de manche
soprammanica f
manga f cimera

1398. upper thigh girth
Oberschenkelumfang m (unterhalb des
Rumpfes)
tour m de la cuisse
circonferenza f della coscia
perímetro m del muslo

1399. upper thigh width (of a trouser leg)
Oberschenkelweite f (der Hose)
largeur f en jambe (du pantalon) au niveau de la cuisse
larghezza f della gamba (dei pantaloni)
all'altezza della coscia
ancho m de la pernera a la altura del
muslo

V

**1400. vacuum and blowing ironing
table**
Absaug- und Blasbügeltisch m
table f de repassage soufflante et aspirante
tavola f da stiro aspirante e soffiante
mesa f de plancha aspirante y soplante

1401. Van Dyke collar
Van-Dyck-Kragen m
col m Van Dyck
colletto m Van Dyck
cuello m van Dyck

1402. vareuse style
Vareuse-Stil m
style m vareuse (rappelant la chemise de
laine des marins)
stile m camicia da marinaio
estilo m marinero

1403. vent
Schlitz m (Bewegungsfreiheitsschlitz)
fente f
spacco m
abertura f

1404. vest (AE)
Gilet n; Weste f (körpernah geschnitten,
mit oder ohne Ärmel)
gilet m (de dessus)
gilè m; panciotto m
chaleco m

W

1405. wadding (shapeless)
Watte f (Wickelwatte)
ouate f

ovatta *f (per imbottiture)*
guata *f*

1406. waddings *(by metre)*
Watteline *f (Zwischen-(Stepp-)Futterstoff)*
ouatine *f (non-tissé, au mètre)*
ovattina *f (a metraggio)*
guata *f* punzonada *(por metro)*

1407. waist
Taille *f (engste Stelle des Rumpfes zwi-schen dem unteren Bogen der Rippen und der Hüfte oder eines Kleides)*
taille *f*
cintola *f*; vita *f*
cintura *f*; talle *m*

1408. waistband, sewn on
Bund *m*/angesetzter
ceinture *f* rapportée
cintura *f* rimessa
cinturilla *f* aplicada; pretina *f* aplicada

1409. waistband *(of a skirt)*
Bördchen *n (Rockbördchen)*
ceinture *f (de jupon)*
cintura *f (della gonna)*
cinturilla *f* de falda

1410. waistband *(sewn-on)*
Bund *m (angesetzt)*
ceinture *f (rapportée, comme partie fixe d'un vêtement)*
cintura *f (rimessa, cucita a livello della vita)*
cintura *f (aplicada)*; pretina *f* aplicada

1411. waistband addition
Bundüberweite *f (Differenz zwischen der Bundweite und dem Bundumfang)*
embu *m* de ceintures
aggiunta *f* di cintura
flojo *m* de la cintura; sobrante *m* de la cintura

1412. waistband closing seam
Taillenverschlussnaht *f*
couture *f* de fermeture de la ceinture (de la taille)
cucitura *f* di chiusura della cintura
costura *f* de cierre de la cintura

1413. waistband drawstring
Bundschnürung *f*
serrage *m* de la ceinture
allacciatura *f* della vita con cintura a nastro
encordonado *m* de la cintura; lazado *m* de la cintura

1414. waistband extension
Bundverlängerung *f*
capucin *m* de la ceinture (de jupe); pro-longement *m* de la ceinture (de panta-lon)
linguetta *f* della cintura *(dei pantaloni)*; sormonto *m* della cintura *(di gonna)*
extensión *f* de la pretina; cruce *m* de la pretina

1415. waistband hem *(of a skirt)*
Bördchensaum *m (Rockbördchensaum)*
rempli *m (de la ceinture de jupon)*
orlo *m (della cintura di gonna)*
dobladillo *m* de cinturilla *(de la falda)*

1416. waistband interlining
Bundeinlage *f*
tissu *m* de renfort de la ceinture
tessuto *m* di rinforzo della cintura
refuerzo *m* de la pretina

1417. waistband joined to skirt
Rockbund *m*/angesetzter
ceinture *f* rapportée d'une jupe
cintura *f* rimessa della gonna
cinturilla *f* de la falda; pretina *f* de la falda

1418. waistband line
Bundumfanglinie *f (Konstruktionslinie bei der Hosen- oder Rockkonstruktion)*
ligne *f* du tour de la ceinture
linea *f* della circonferenza della cintura
línea *f* del perímetro de la cintura

1419. waistband pleat
Bundfalte *f*
pli *m* de ceinture
piega *f* di cintura
pliegue *m* de cintura

1420. waistband seam
Bundnaht *f (an Hosen und Röcken)*
couture *f (d'assemblage) de la ceinture (de pantalon ou de jupe)*
cucitura *f* di unione della cintura *(di gon-na o pantaloni)*
costura *f* de la pretina *(en faldas o panta-lones)*

1421. waistband size
Bundweite *f (Fertigmaß, inkl. Überweite)*
largeur *f* de la ceinture
larghezza *f* della cintura *(dei pantaloni)*
ancho *m* de la pretina

1422. waistband trousers *pl*
Rundbundhose *f*
pantalon *m* à ceinture montée
pantaloni *mpl* a cintura cucita
pantalón *m* de pretina recta

1423. waistband width *(pref)*
Bundweite *f (Fertigmaß, inkl. Überweite)*
largeur *f* de la ceinture
larghezza *f* della cintura *(dei pantaloni)*
ancho *m* de la pretina

1424. waistbelt
Gürtel *m*
ceinture *f (bande d'étoffe ou de cuir, servant à maintenir un vêtement)*
cintura *f (per stringere alla vita pantaloni, gonne e abiti)*
cinturón *m*

1425. waistcoat
Weste *f (körpernah geschnitten, mit oder ohne Ärmel)*; Gilet *n*
gilet *m (de dessus)*
gilè *m*; panciotto *m*
chaleco *m*

1426. waist girth
Bundumfang *m (Körper- und Tabellenmaß für den Umfang in der Tailleneinbuchtung von Herren und Knaben; Bundumfang + Bundüberweite = Bundweite)*
tour *m* de la taille d'homme
circonferenza *f* della vita da uomo
perímetro *m* de la cintura de caballero

1427. waistline
Gürtellinie *f*; Taillenlinie *f (Höhe der Taillennaht)*
ligne *f* de (la) taille *(rétrécissement d'un vêtement, que peut se situer à différents niveaux)*
linea *f* della vita
línea *f* del (la) talle

1428. waist measurement
Taillenumfang *m (Körpermaß in Höhe der Taille bei Damen- und Mädchen-Oberbekleidung)*
tour *m* de la taille *(du corps)*
circonferenza *f* della vita *(del corpo)*
perímetro *m* de la cintura

1429. waistslip *(with elastic lace)*
Halbrock *m (mit Taillen-Gummizug)*
demi-jupon *m (de lingerie montée sur un élastique à la taille)*
mezza sottoveste *f*; mezza sottanina *f (con elastico)*
enagua *f*

1430. walking pleat
Gehfalte *f*
pli *m* d'aisance
piega *f* di camminare *(permette di camminare in una gonna attillata)*
pliegue *m* de falda; pliegue *m* de vestido

1431. warm lining
Warmfutter *n*
doublure *f* à rendre un article vestimentaire plus chaud
fodera *f* calda
forro *m* grueso; forro *m* caliente

1432. wash-and-wear
bügelfrei
ne pas repasser
non stiro
sin planchar; lavar y poner

1433. wash-and-wear *(property)*
wash and wear *(Wasch- und Bügelfreieigenschaft)*
wash and wear *(proprieté)*
lava-e-indossa; wash-and-wear
lavar y poner

1434. washfast
waschecht
solide au lavage
solido al lavaggio
sólido al lavado

1435. washing instructions *pl*
Waschanleitung *f*
instructions *fpl* de lavage
istruzioni *fpl* per lavaggio
instrucciones *fpl* de lavado

1436. washing machine resistant
waschmaschinenfest
résistant au lavage à la machine
resistente al lavaggio in lavatrice
resistente al lavado en lavadora

1437. watch pocket
Uhrtasche *f*
poche *f* de montre
taschino *m* orologio
bolsillo *m* reloj

1438. wear *v (the clothes)*
tragen *v (die Kleider)*
porter *v (les vêtements)*
portare *v*; avere *v* indosso
llevar *v*; ponerse *v*

1439. wear behaviour
Trageverhalten *v*
comportement *m* au porter
comportamento *m* all'usura durante la
    portatura
comportamiento *m* al uso

1440. web
Bahn *f (Warenbahn)*
tissu *m* sans fin
telo *m*
hoja *f (de tejido)*; capa *f (de tejido)*

1441. welt(ed) pocket
Paspeltasche *f (Eingriff, durch einen oder
    zwei Paspeln eingegrenzt)*
poche *f* passepoilée
tasca *f* a filetti
bolsillo *m* de vivos

1442. welt fastening
Pattenverschluss *m*
fermeture *f* à rabat
chiusura *f* ad aletta
cierre *m* a cartera

1443. welting
Paspelieren *n*
passepoilage *m*
ribattitura *f (a pistagna)*
viveado *m*

1444. welting seam
Paspelnaht *f*
couture *f* de passepoil
cucitura *f* del filetto
costura *f* de vivos

1445. welt pocket
Pattentasche *f (mit einer Patte verarbei-
    tet, veraltet auch als Klappentasche
    bezeichnet)*
poche *f* à rabat
tasca *f* con aletta
bolsillo *m* con cartera

1446. welt pocket *(of jacket, waistcoat or
raglan)*
Leistentasche *f (mit eingearbeitetem,
    verstürztem Leistenstreifen von Sakko,
    Veste oder Raglan)*

poche *f* gilet *(la partie libre de l'ouverture
    est bordée d'une patte)*
tasca *f* a patta filetto
bolsillo *m* lateral *(de americana, chaleco
    o raglán con vista)*

1447. westover
Weste *f (körpernah geschnitten, mit oder
    ohne Ärmel)*
gilet *m (de dessus)*
gilè *m*; panciotto *m*
chaleco *m*

1448. wet ironing
Nassbügeln *n*
repassage *m* humide
stiratura *f* a umido
planchado *m* húmedo

1449. whip *v*
umnähen *v*
border *v*
ricucire *v (un orlo)*
sobreorillar *v*

1450. wide blouse jacket
weit fallende Jacke *f*
veste *f* large
giacca *f* larga
chaqueta *f* suelta

1451. widen *v*
weiten *v*
élargir *v*
allargare *v*
ensanchar *v*

1452. wide overblouse
weit fallende Jacke *f*
veste *f* large
giacca *f* larga
chaqueta *f* suelta

1453. wide sleeve
Tonnenärmel *m*
manche *f* large
manica *f* larga
manga *f* ancha; manga *f* abullonada

1454. width *(of an item)*
Weite *f (Fertigmaß, einschl. der Überwei-
    te)*
ampleur *f (d'une coupe)*; largeur *f (d'une
    pièce de vêtement)*
ampiezza *f (del taglio)*; larghezza *f
    (dell'indumento)*
medida *f* de confección *(corte)*; contorno
    m (de la prenda)

1455. width in pant leg *(AE)*
Hosenbeinweite *f*
largeur *f* de la jambe de pantalon
larghezza *f* della gamba dei pantaloni
ancho *m* de la pernera

1456. width in trouser leg
Hosenbeinweite *f*
largeur *f* de la jambe de pantalon
larghezza *f* della gamba dei pantaloni
ancho *m* de la pernera

1457. windbreaker
Blouson *n*
blouson *m*
giubba *f* sportiva; giubbetto *m*
blusón *m*

1458. wing collar
Eckenkragen *m*
col *m* cassé
colletto *m* a punte
cuello *m* de puntas

1459. wing sleeve
Flügelärmel *m*
manche *f* aile
manica *f* a volant
manga *f* de ala

1460. winter coat
Wintermantel *m*
manteau *m* d'hiver
cappotto *m* invernale; paltò *m* invernale
abrigo *m* de invierno

1461. winterwear *(coll)*
Winterkleidung *f (Koll)*
vêtement *m* d'hiver *(coll)*
abbigliamento *m* invernale *(coll)*
ropa *f* de invierno *(col)*

1462. woollen interlining
Wollwatteline *f*
ouatine *f* de laine
ovattina *f* di lana
guata *f* de lana en láminas

1463. woollen wadding *(the process)*
Wollwattieren *n*
ouatage *m* de laine
imbottitura *f* di lana *(l'azione)*
acolchado *m* de lana

1464. woollen wadding *(the product)*
Wollwatteline *f*
ouatine *f* de laine

ovattina *f* di lana
guata *f* de lana en láminas

1465. work clothing
Berufskleidung *f*
vêtement *m* de travail
vestiario *m* da lavoro
ropa *f* de trabajo; vestuario *m* laboral

1466. workwear
Berufskleidung *f*
vêtement *m* de travail
vestiario *m* da lavoro
ropa *f* de trabajo; vestuario *m* laboral

1467. woven label
gewebtes Etikett *n*
étiquette *f* tissée
etichetta *f* intessuta
etiqueta *f* tejida

1468. wraparound blouse
Wickelbluse *f*
blouse *f* enveloppe *(en l'enroulant)*
blusa *f* a portafoglio
blusa *f* de cartera; blusa *f* a portafolio

1469. wraparound dress
Wickelkleid *n*
robe *f* enveloppe; robe *f* portefeuille
abito *m* a portafoglio *(da donna)*
vestido *m* a portafolio

1470. wraparound skirt
Wickelrock *m (flächig geschnitten, um den Körper gewickelt)*
jupe *f* enveloppe; jupe *f* portefeuille
gonna *f* a portafoglio
falda *f* de cartera; falda *f* a portafolio

1471. wrapover blouse
Wickelbluse *f*
blouse *f* enveloppe *(en l'enroulant)*
blusa *f* a portafoglio
blusa *f* de cartera; blusa *f* a portafolio

1472. wrinkle-free fit
faltenloser Sitz *m*
ajustement *m* sans faux plis *(du vêtement)*
taglio *m* senza pieghe *(vestito, che cade bene)*
hechura *f* sin pliegues; corte *m* bien aplomado *(que cae bien)*

X

1473. X-line
X-Linie f (glockig mit breiterer Schulter
  und körpernaher Taillierung)
ligne f en X
linea f in (forma di) X
línea f (en forma de) X

Y

1474. yoke
Sattel m
empiècement m (pièce rapportée dans
  un vêtement à partir des épaules)
sprone m
canesú m

1475. yoke seam
Sattelnaht f
couture f d'empiècement
cucitura f dello sprone
costura f del canesú

1476. yoke shoulder
Sattelschulter f
épaules fpl à empiècement
spalla f a sprone
hombro m al canesú

1477. yoke skirt
Sattelrock m
jupe f à empiècement
gonna f a sprone
falda f al canesú

Z

1478. zigzag basting stitch
Zickzack-Heftstich m
point m de bâtissage zigzag
punto m dell'imbastitura (a) zigzag
(puntada de) hilván m en zigzag

1479. zigzag sewing
Zickzacknähen n
couture f en zigzag (l'activité)
cucitura f (a) zigzag (l'azione)
cosido m en zigzag

1480. zigzag stitch
Zickzackstich m (dreieckförmige Stichanordnung)
point m en zigzag
punto m a zigzag
puntada f zigzag

1481. zigzag stitching (pref)
Zickzacknähen n
couture f en zigzag (l'activité)
cucitura f (a) zigzag (l'azione)
cosido m en zigzag

1482. zip(-fastener)
Reißverschluss m
fermeture f à glissière
chiusura f lampo
cremallera f

1483. zip(-fastener) cover binding
Reißverschluss-Abdeckband n
bande f de recouvrement de la fermeture
  à glissière
nastro m di copertura della chiusura
  lampo
cinta f de recubrimiento de la cremallera

1484. zip(-fastener) sliding cam
Reißverschlussschloss n
tirette f de la fermeture à glissière; cur-
  seur m de la fermeture à glissière
tirante m della chiusura lampo
cursor m de la cremallera

1485. zip(-fastener) tape gap
Reißverschluss-Bandschlitz m
fente f de la bande de fermeture à glissière
spacco m del nastro della chiusura lampo
ranura f para el labio de la cremallera

1486. zip fly
Hosenschlitz m mit Reißverschluss
braguette f à glissière
patta f dei pantaloni con chiusura lampo
bragueta f del pantalón con cremallera

1487. zip-out lining
Ausreißfutter n
doublure f à fermeture à glissière (sépa-
  rable)
fodera f con chiusura lampo (separabile)
forro m de quita y pon; forro m separable

1488. zip-out lining coat
Mantel m mit Ausreißfutter
manteau m à doublure montée sur une
  fermeture à glissière

cappotto *m* con fodera a chiusura lampo
abrigo *m* con forro quita y pon

1489. zipper *(AE)*
Reißverschluss *m*
fermeture *f* à glissière
chiusura *f* lampo
cremallera *f*

1490. zipper sliding cam *(AE)*
Reißverschlussschloss *n*
tirette *f* de la fermeture à glissière; cur-
seur *m* de la fermeture à glissière
tirante *m* della chiusura lampo
cursor *m* de la cremallera

Anhang

Inhalte

Deutsches Register

D

Damenbekleidung f 651
Damenbekleidung f 661
Damengröße f 658
Damenhemd n 656
Damenhemd n 657
Damenkonfektion f 652
Damenkonfektion f 653
Damenoberbekleidung f 654
Damenschlüpfer m 843
Damenslip m 648
Damenslip m 649
Damenübergröße f 655
Damenwäsche f 660
Dampfbehandlung f 1199
Dampfbehandlung f 9
Dampfbügeleisen n 1201
Dampfbüste f 1200
Dampfbüste f 1202
Dauerbügelfalte f 865
Dauerfaltenlegen n 863
Dauerplissee n 864
Dekolleté n 317
Dekor m 1318
Design n 319
Dessous npl 1377
Dessous npl 1388
deutsche Normalgröße f 515
Deuxpièces n 321
Diagonalstich m 324
Diagonaltasche f 323
Diamantstich m 983
Dimensionsänderungsverhalten n 80
Dior-Falte f 329
Dior-Schlitz m 330
Direktversiegeln n 1307
Direktversiegeln n 331
Dirndlkleid n 332
DOB f 654
Doppeldiagonalstich m 346
Doppelfutter n 352
Doppelkappnaht f 351
Doppelkettennaht f 344
Doppelkettenstich f 343
Doppelmanschette f 345
Doppelmanschette f 478
doppeln v 674

Doppelnaht f 354
Doppelrand m 347
Doppelrand m 360
Doppelreiher m 340
Doppelsaum m 350
Doppelsteppstich m 353
Doppelstich m 356
Doppelstürznaht f 358
Doppelzickzackstich m 361
doublieren v 674
Dreieckstich m 31
Dreifachnaht f 1321
Dreinadel-Deckstich m 1282
Dreinadel-Flachnaht f 1283
dreiteiliger Ärmel m 1285
dreiteiliger Damenanzug m 1286
dreiteiliger Herrenanzug m 1287
Dreiviertelarm m 1291
Dreiviertelhose m 1292
Dreiviertellänge f 1288
durchgeknöpfte Kante f 172
durchgeknöpfter Rock 173
durchgeknöpftes Kleid n 171
Durchgrifftasche f 1293
Durchgrifftasche f 29
durchknöpfen v 170
durchziehen f/den Faden 850
Durchziehhaken m 116
Durchzug m 598

E

Eckenband n 1197
Eckenband n 377
Eckenkragen m 1458
eckiger Ausschnitt m 961
effektive Modelllänge f 393
Effektnaht f 394
Effektnaht f 425
Einfachkappnaht f 1121

Einfachkettenstich m 1120
Einfachmanschette f 61
Einfachnaht f oder einfache Naht f 901
Einfädeln n 1277
einfädiger Blindstich m 1127
Einfassband n 392
Einfassband n 98
Einfassborte f 390
Einfassborte f 96
Einfassen n 388
Einfassen n 95
Einfasskante f 123
Einfasskante f 97
eingearbeitete Gummischnur f 1087
eingearbeitete Gummischnur f 597
eingehaltene Naht f 512
eingesetzter Ärmel m 600
eingesetzte Tasche f 599
Einknopfsakko m 1241
Einlage f 606
Einlage f 607
Einloch-Fadenführer m 1123
Einnähärmel m 811
Einnähen n 1062
Einreiher 1122
Einsatz m 285
Einsatz m 530
Einsatzkante f 831
einsäumen v 557
Einschlag f 12
Einschlagen n 1354
einseitig 1125
einseitig 812
Einstich m 880
Einstich m 945
Einteiler m 809
einteilig 810
Einzelteil n 1124
elastische Kräuselnaht f 1232
elastischer Bund m 399
elastisches Ärmelbündchen n 398
Ellbogenlänge f 1394
Ellbogenverstärkung f 400

Oberkragen *m* 1304
Oberkragen *m* 824
Oberkrageneinlage *f* 1306
Oberschenkelumfang *m* 1398
Oberschenkelweite *f* 1399
Oberteil *n* (eines Damenbekleidungsstückes) 115
Oberteil *n* (eines Damenbekleidungsstückes) 261
Oberteil *n(m)* 1308
Öhr *n* 410
Öse *f* 411
Ösenband *n* 412
Ösenhäkchen *n* 414
Overlocknaht *f* 832

P

Parka *m* 437
Paspel *f(m)* 896
Paspelieren *n* 1443
Paspelieren *n* 896
paspelierter Kleidersaum *m* 891
paspelierter Rand *m* 890
paspelierter Schlitz *m* 894
Paspelknopfloch *n* 477
Paspelknopfloch *n* 889
Paspelnaht *f* 1444
Paspelnaht *f* 897
Paspelstreifen *m* 898
Paspeltasche *f* 1441
Paspeltasche *f* 892
Paspelvorstoß *m* 382
Patte *f* 450
Pattentasche *f* 1445
Pattenverschluss *m* 1442
pelzbesetzt 1317
pelzgefüttert 506
Pelzmantel *m* 505
Pelzschulterkragen *m* 92
Perforieren *n* 861
Perlborte *f* 77
Petticoat *m* 869
Pflegeeigenschaften *fpl* 181

pflegeleichtes Hemd *n* 374
Pikiernaht *f* 838
Pikierstich *m* 840
Pikotbordüre *f* 871
Pikotborte *f* 429
Pikotkante *f* 872
Pikotkante *f* 946
Pikotstich *m* 873
Plastron *m(n)* 1096
Plastron *m(n)* 326
Plissee *n* 909
Plissee *n* 914
Plisseerock *m* 915
Plissierechtheit *f* 428
Plissierechtheit *f* 910
Plissieren *n* 908
Plissieren *n* 913
Polsterärmel *m* 139
Posamenten *npl* 849
Pressdruck *m* 941
Presse *f* 932
Pressfalte *f* 933
Pressglanz *m* 937
Pressglanz *m* 939
Probefertigung *f* 1316
Puffärmel *m* 944
Puffrock *m* 943
Pullern *n* 1088
Punktbondieren *n* 1188
Punktmarkierung *f* 337
Punktriegel *m* 929
Pyjama *m* 841
Pyjama *m* 947

Q

Quaste *f*/ballförmige 931
Querfalte *f* 275
Quernaht *f* 281
Querzuschnitt *m* 279
Quetschfalte *f* 613

R

Raffen *n* 514
Randabschneiden *n* 378
Randeinfassung *f* 388
Randverstärken *n* 384
Raupennaht *f* 159
Raupenstich *m* 160

Regenmantel *m* 716
Regenmantel *m* 951
Regenmantel *m* 952
Reißverschluss *m* 1169
Reißverschluss *m* 1482
Reißverschluss *m* 1489
Reißverschluss-Abdeckband *n* 1483
Reißverschluss-Bandschlitz *m* 1485
Reißverschlussschloss *n* 1484
Reißverschlussschloss *n* 1490
Reservekragen *m* 1183
Revers *n* 662
Revers *n* 968
Revers *n*/steigendes 857
Reversabnäher *m* 666
Reversbesatz-Bruchlinie *f* 489
Reversbesatz-Kantennaht *f* 668
Reverskragen *m* 665
Reversspiegel *m* 667
Reversumkehr *f* 970
Revers- und Kragenspiegelnaht *f* 232
Riegel *m* 59
Riegel *m* 65
Riegellänge *f* 60
Riegellänge *f* 66
Riegelnaht *f* 62
Riegelnaht *f* 965
Riegelnahtstich *m* 63
Rippen *fpl* 885
Rippenrand *m* 977
Rippenrand *m* 984
Risolettband *n* 459
Rock *m* 1132
Rockaufschlag *m* 1139
Rockborte *f* 1134
Rockbund *m*/angesetzter 1417
Rocklänge *f* 1137
Rocklängen-Messgerät *n* 1138
Rockrunder *m* 1136
Rocksattel *m* 1142
Rockschoß *m* 1135
Rockschoß *m* 225
Röhrenhose *f* 895
Röhrenkleid *n* 893
Rollfalte *fpl* 991

Index français

Indice italiano

Índice español

Nützliche Adressen deutscher Fachverbände

Arbeitgeberverband der Textilindustrie
in Aachen und Umgebung
Theaterstraße 35–39
D-52017 Aachen
Tel.: +2 41/4 74 33-13
Fax: +2 41/4 74 33-44
E-Mail: norbert.wilkens@vuv-
aachen.de

Arbeitgeberverband der Textilindustrie
von Düren, Jülich, Euskrichen und
Umgebung
Tivolistraße 76
D-52349 Düren
Tel.: +24 21/40 42-18
Fax: +24 21/40 42-25
E-Mail: h.sowka@vivdueren.de

Bundesinnungsverband für das
Modistenhandwerk
Auf'm Tetelberg 7
D-40221 Düsseldorf
Tel.: +2 11/30 82 36
Fax: +2 11/39 75 88

Bundesinnungsverband für das
Stricker-, Sticker- und Weberhandwerk
Elisabethstraße 3
D-32052 Herford

Bundesverband Bekleidungsindustrie
e.V., BBI
Mevissenstraße 15
D-50668 Köln
Tel.: +2 21/77 44-0
Fax: +2 21/77 44-1 18
E-Mail: BBI.Koeln@t-online.de
http://www.BBI-online.de

Bundesverband des Deutschen
Lederwareneinzelhandels e.V.
An Lyskirchen 14
D-50676 Köln
Tel.: +69/88 72 50
Fax: +69/81 28 10
E-Mail: bundesverband@aol.com
http://www.lederwareneinzel-
handel.de/

Bundesverband des Deutschen
Schuheinzelhandels e.V.
Salierring 44
D-50677 Köln
Tel.: +2 21/2 40 91 07
Fax: +2 21/2 40 86 70
E-Mail: bdse@verbandsbuero.de
http://www.bdse.org/

Bundesverband des Deutschen
Schuhmacherhandwerks e.V.
Grantham-Allee 2–8
D-53757 St. Augustin
Tel.: +22 41/9 90-1 88
Fax: +22 41/9 90-1 00
E-Mail: info@schuhmacherhand-
werk.de
http://www.schuhmacherhand-
werk.de/

Bundesverband des Deutschen
Seiler-, Segel- und Netzmacher-
handwerks e.V.
Daglfinger Straße 67/69
D-81929 München
Tel.: +89/93 94 45-14
Fax: +89/93 94 45-45
E-Mail: info@bv-seiler.de
http://www.bv-seiler.de/

Bundesverband des Deutschen
Textileinzelhandels e.V., BTE
An Lyskirchen 14
D-50676 Köln
Tel.: +2 21/92 15 09-0
Fax: +2 21/92 15 09-10
E-Mail: info@bte.de
http://www.bte.de/

Bundesverband des Deutschen
Versandhandels. e.V.
Johann-Klotz-Str. 12
D-60528 Frankfurt am Main
Tel.: +69/67 86 56-0
Fax: +69/67 86 56-29
E-Mail: info@versandhandel.org
http://www.versandhandel.org/

Bundesverband Konfektion
Technischer Textilien e.V.
Karlstraße 90
D-40210 Düsseldorf
http://www.bktex.com/

Bundesverband Lederwaren und
Kunstofferzeugnisse e.V., BVLK
Waldstr. 44,
D-63065 Offenbach
Tel.: +69/88 72 50
Fax: +69/81 28 10
http://www.leathergoods.org/

Deutscher Naturfaserverband e.V.
Ebersbacher Straße 1
D-08396 Waldenburg
Tel.: +7 00/50 10 01 00
Fax: +7 00/50 10 02 00
E-Mail: info@naturfaserverbund.de
http://www.naturfaserverband.de/

Deutscher Pelzverband e.V.
Niddastraße 57
D-60329 Frankfurt am Main
Tel.: +69/24 26 35-0
Fax: +69/24 26 35-21
Email: bs@fur-fashion-frankfurt.de
http://www.deutscherpelzverband.de/

Deutsches Mode-Institut e.V.
München
c/o Handwerkskammer für München
und Oberbayern
Max-Joseph-Str. 4
D-80333 München
Tel.: +89/51 19-2 30
Fax: +89/51 19-2 08
E-Mail: info@mode-institut.de

EHV Land Brandenburg e.V.
Fachgemeinschaft Textil
Kiezstraße 13
D-14467 Potsdam
Tel.: +33 91/4 56 30
Fax: +33 91/4 55 63 31
E-Mail: EHV-Land-Branden-
burg@t-online.de
http://www.ehv-brandenburg.de/

Einzelhandelsverband Baden-
Württemberg e.V.
Fachgemeinschaft Textil
Neue Weinsteige 44
D-70180 Stuttgart
Tel.: +7 11/6 48 64-0
Fax: +7 11/6 48 64-34
E-Mail: info@ehv-wuerttemberg.de
http://www.ehv-wuerttemberg.de

Einzelhandelsverband Nord-Ost e.V.
Fachgemeinschaft Textil
Holstenstraße 3
D-25335 Elmshorn
Tel.: +4 31/9 74 07-0
Fax: +4 31/9 74 07-24
E-Mail: info@ehv-nord-ost.de
http://www.ehv-nord-ost.de/

Adressen

Einzelhandelsverband Nordrhein
Fachgemeinschaft Textil
Kaiserstraße 42a
D-40479 Düsseldorf
Tel.: +2 11/4 98 06-0
Fax: +2 11/4 98 06-36/-20
E-Mail: info@einzelhandelnrw.de
http://www.einzelhandelnrw.de/

Einzelhandelsverband Nordsee
Bremen e.V.
Hinter dem Schütting 8
28195 Bremen
Fachgruppe Textil
Am Wall 146
D-28195 Bremen
Tel.: +4 21/32 60 34
Fax: +4 21/32 87 90
http://www.einzelhandelsverband-
bremen.de/

Einzelhandelsverband Südbaden e.V.
Eisenbahnstraße 68 – 70
D-79098 Freiburg
Tel.: +7 61/3 68 76-0
Fax: +7 61/3 68 76-55
E-Mail: ehv-freiburg@einzelhandel.de
http://www.einzelhandel-
suedbaden.de/

Europäische Vereinigung der Spit-
zenverbände des Textileinzelhandels,
AEDT
123, rue Froissart
B-1040 Brüssel
Tel.: +32.2.230.52.96
Fax. +32.2.230.25.69
E-Mail: info@aedt.org
http://www.aedt.org/

European Fashion Group/BTE
An Lyskirchen 14
D-50676 Köln
Tel.: +2 21/92 15 09 12
Fax: +2 21/9 21 50 91
E-Mail: efg@bte.de
http://www.bte.de/efg/index.htm

Fachverband Berufs-, Sport- und
Freizeitbekleidung e.V.
An Lyskirchen 14
D-50676 Köln
Tel.: +2 21/7 74 41 33
Fax: +2 21/7 74 41 37
E-Mail: bespo@germanfashion.net

Gesamtverband der deutschen Ma-
schen-Industrie e.V.
Olgastraße 77
D-70182 Stuttgart
Tel.: +7 11/21 03 10
Fax: +7 11/23 28 07
E-Mail: gesamtmasche@t-online.de
http://www.gesamtmasche.de/

Gesamtverband der Textilverede-
lungsindustrie in Deutschland e.V.
Frankfurter Straße 10 – 14
D-65760 Eschborn
Tel.: +61 96/95 91-0
Fax: +61 96/95 91-25
E-Mail: info@tvi-verband.de
http://www.tvi-verband.de/

Gesamtverband Leinen e. V.
Ritterstraße 19
D-33602 Bielefeld
Tel.: +5 21/17 13 30
Fax: +5 21/13 77 41
E-Mail: info@gesamtverband-
leinen.de
http://www.gesamtverband-leinen.de/

Handelsverband Sachsen e.V.
Fachgemeinschaft Textil
Täubchenweg 8
D-04317 Leipzig
Tel.: +3 41/6 88 18 79
Fax: +3 41/6 89 10 72
E-Mail: vs-leipzig@handel-sachsen.de
http://www.handel-sachsen.de

Hauptverband der deutschen Schuh-
industrie e.V.
Waldstrasse 44
D-63065 Offenbach/Main
Tel.: +69/8 29 74 10
Fax: +69/81 28 10
E-Mail: info@hds-schuh.d
http://www.hds-schuh.de/

Industrie Verband Garne und Gewebe
e.V.
Frankfurter Str. 10 – 14
D-65760 Eschborn
Fachbereich Garne:
Tel.: +61 96/47 23-0
Fax: +61 96/47 23-40
Fachbereich Gewebe:
Tel.: +61 96/47 23-5
Fax: +61 96/47 23-70
http://www.textiles.de/IVGG/

Industrievereinigung Chemiefasern
e.V.
Karlstraße 21-23
D-60329 Frankfurt am Main
Tel.: +69/27 99 71-30
Fax: +69/23 31 85
E-Mail: ivc@ivc-ev.de
http://www.ivc-ev.de/

Interessenverbund ModeCentren e.V.
Modering 3
D-22457 Hamburg
Fax: +7 31/6 02 37 27
E-Mail: info@modecentren-imc.de
http://www.modecentren-imc.de/

Landesverband des Bayerischen
Textileinzelhandels e.V.
Fachgemeinschaft Textil
Brienner Straße 45
D-80333 München
Tel.: +89/5 51 18-0
Fax: +89/5 51 18-163
E-Mail: info@lbe.de
http://www.lbe.de/index2.php4

Landesverband des Hessischen
Einzelhandels e. V.
Berliner Staße 72
D-60311 Frankfurt/Main
Tel.: +69/1 33 09 10
Fax: +69/13 30 91 99
E-Mail: info@einzelhandel-hessen.de

Landesverband des Westfälisch-
Lippischen Einzelhandels e.V.
Landesfachvereinigung Textil
Am Lohtor 14
D-45657 Recklinghausen

Landesverband Einzelhandel Rhein-
land-Pfalz e.V.
Fachgemeinschaft Textil
Ludwigstraße 7
D-55116 Mainz
Tel.: +61 31/23 26 31
Fax: +61 31/23 83 15
E-Mail: buero-mz@handelsver-
baende-rlp.de
http://www.handelsverbaende-
rlp.de/EHV/Mainz/mainz.html

Sachsen-Leinen e.V.
Ebersbacher Straße 1
08396 Waldenburg
Tel.: +37 63/5 27 92
Fax: +37 63/5 27 91
http://www.sachsenleinen.de/ev.htm

Adressen

Unternehmerverband Einzelhandel
Niedersachsen e.V.
Landesfachgemeinschaft Textil
Gartenstraße 5
D-26122 Oldenburg
Tel.: +441/97091-0
Fax: +441/97091-34
E-Mail: ehv-oldenburg@einzelhandel.de

Verband der Baden-Württembergischen Textilindustrie
Kernerstraße 59
70182 Stuttgart
Postfach 10 50 22
D-70044 Stuttgart
Tel.: +7 11/21050-0
Fax: +7 11/233718
E-Mail: info@suedwesttextil.de
http://www.textilverband.de/

Verband der Bayerischen Textil- und
Bekleidungsindustrie, VTB
Gewürzmühlstraße 5
D-80538 München
Tel.: +89/21 21 49-0
Fax: +89/29 15 36 und 29 14 60
E-Mail: vtb-muenchen@vtb-bayern.de
http://www.vtb-bayern.de/

Verband der Berliner Bekleidungsindustrie
Berlin-Brandenburg e.V.
Wichmannstr. 20
D-10787 Berlin
Tel.: +30/262 1009
Fax: +030/262 1010

Verband der Damenoberbekleidungsindustrie e.V.
Mevissenstraße 15
D-50668 Köln
Tel.: +221/7744-120
Fax: +221/7744-127
http://www.bbi-online.de

Verband der Deutschen Heimtextilien-Industrie
Hans-Böckler-Straße 205
D-42109 Wuppertal
Tel.: +202/7597-0
Fax: +202/7597-97
E-Mail: info@heimtex.de
http://www.heimtex.de/

Verband der Deutschen Lederindustrie e.V.
Fuchstanzstr.61
D-60489 Frankfurt am Main
Tel.: +69/97843141
Fax: +69/78800009
E-Mail: Info@vdl-web.de
http://www.vdl-web.de/

Verband der Hemden- und Wäscheindustrie
Mevissenstraße 15
D-50668 Köln
Tel.: +0221/7744-130
Fax: +221/7744-137
http://www.bbi-online.de

Verband der Herrenbekleidungsindustrie
Mevissenstraße 15
D-50668 Köln
Tel.: +221/7744-130
Fax: +221/7744-137
http://www.bbi-online.de

Verband der Kaufleute Sachsen-Anhalt e.V.
Fachgemeinschaft Textil
Breiter Weg 119–121
D-39104 Magdeburg
Tel.: +391/5619631
Fax: +391/5430266
http://www.bzeonline.de/Vdk/

Verband der Nord-Ostdeutschen
Textilindustrie
Annaberger Straße 240
D-09125 Chemnitz
Tel.: +3 71/53 47-0
Fax: +3 71/53 47-245
E-Mail: vti@vti-online.de
http://www.vti-online.de/

Verband der Nord-Westdeutschen
Textilindustrie
Molkestraße 19
D-48151 Münster
Tel.: +2 51/5 30 00-0
Fax: +2 51/5 30 00-35
E-Mail: info@textil-bekleidung.de
http://www.textil-nord-west.de/

Verband der Rheinschen Textil-
industrie
Wettinerstraße 11
D-42287 Wuppertal
Tel.: +2 02/25 80-0
Fax: +2 02/25 80-2 58
E-Mail: info@agv-wuppertal.de
http://www.agv-wuppertal.de

Verband der Saarländischen Textil-
einzelhandels e.V.
Feldmannstraße 26
D-66119 Saarbrücken
Tel.: +6 81/9 27 17-0
Fax: +6 81/9 27 17-10
E-Mail: mail@einzelhandel-saarland.de
http://www.einzelhandel-saarland.de/

Verband der Textil- und Bekleidungs-
industrie Hessen, Rheinland-Pfalz
und Saarland e.V.
Friedrich-Ebert-Straße 11/13
D-67433 Neustadt
Tel.: +6 32 1/85 22 30
Fax: +6 32 1/85 22 21
E-Mail: info@verband-textil-
bekleidung.de
http://www.verband-textil-bekleidung.de

Verband des Norddeutschen Textil-
einzelhandels e.V.
Bei dem Neuen Krahn 2
D-20457 Hamburg
Tel.: +40/3 69 81 20
Fax: +40/36 98 12 22
E-Mail: vnt@fhe-mail.de

Verband Deutscher Mode- und Textil-
Designer e.V., VDMD
Semmelstrasse 42
D-97070 Würzburg
Tel.: +9 31/4 65 42 90
Fax: +9 31/4 65 42 91
E-Mail: vdmd@fashiondesign.de
http://www.modedesign.de/

Verband Thüringer Kaufleute e.V.
Fachgemeinschaft Textil
Lessingstraße 7
D-07545 Gera
Tel.: +3 65/8 32 34 69
Fax: +3 65/8 32 33 16
E-Mail: ehv-gera@einzelhandel.de

Verein Deutscher Maschinen- und
Anlagenbauer
Fachbereich Textilmaschinen
Lyoner Straße 18
D-60528 Frankfurt am Main
Tel.: +69/66 03-15 25
Fax: +69/66 03-25 25
E-Mail: isabel.sabir@vdma.org
http://www.vdma.de/

Vereinigung der Textilindustrie von
Berlin e.V.
Wichmannstr. 20
D-10787 Berlin
Tel.: +30/2 62 10 09
Fax: +30/2 62 10 10

Adressen

Vereinigung des Berliner Textil-
einzelhandels e.V.
Kurfürstendamm 32
D-10719 Berlin
Tel.: +30/8 81 77 58
Fax: +30/8 81 18 65
E-Mail: einzelhandel@gde-berlin.de
http://www.gde-berlin.de/

Vereinigung des Wollhandels e.V.
Frankfurter Straße 10 – 14
D-65760 Eschborn
Tel.: +61 96/4 72 30
Fax: +61 96/4 72 3 40

Zentralstelle für Berufsbildung im
Einzelhandel e.V.
Mehringdamm 48
D-10961 Berlin
Tel.: +30/78 09 77-3
Fax: +30/78 09 77-50
E-Mail: info@zbb.de
http://web.zbb.de/

Zentralverband des Kürschnerhand-
werks
Burgstraße 39
D-67659 Kaiserslautern
Tel.: +6 31/3 71 22-0 oder -20
Fax: +6 31/3 71 22-50
E-Mail: info@kuerschner-verband.de
http://www.kuerschner-verband.de

Systemschnitt I u. II

Jansen/Rüdiger

Die völlig andere Schnittlehre, seit vielen Jahren in der Praxis bewährt

I: Kleider, Blusen, Röcke Hemden, Jacken, Hosen
240 Seiten, zahlr. Abbild., über 100 Schnitte, 240 Seiten, gebunden € 91,-
ISBN 3-7949-0684-5

II: Mäntel, Parkas, Bademoden, Kinderbekleidung
268 Seiten, gebunden € 93,-
ISBN 3-7949-0686-1

CD-ROM
Damen – Grund- und Modellschnittanleitungen
Röcke, Blusen, Kleider, Jacken, Hosen, Mäntel, Parkas, Bademoden
Preis: 113,00 EUR

CD-ROM
Herren – Grund- und Modellschnittanleitungen
Hemden, Jacken, Hosen, Mäntel, Parkas, Bademoden
Preis 46,00 EUR

CD-ROM
Kinder – Grund- und Modellschnittanleitungen
Röcke, Blusen, Kleider, Hosen, Mäntel, Parkas, Bademoden
Preis 46,00 EUR

Die kleine Kostümkunde

Eine spannende Lektüre oder das ideale Geschenk für alle, die Mode lieben.

Kleine Kostümkunde
Rakewitz, Krause, Lenning
13. vollständig überarbeitete
und erweiterte Auflage
328 Seiten,
Reichhaltig illustriiert,
€ 34,90
ISBN 3-7949-0701-9

Ob altägyptisches Wickelgewand, mittelalterlicher Schnabelschuh oder die Kostüme der Coco Chanel – Kleider machen Leute. Die Kleine Kostümkunde zeigt, dass die Geschichte der Kleidung zugleich eine Geschichte des Menschen ist. Das Buch führt fundiert durch die Epochen bis hin zu den Trends und Kreationen von heute.

Fachverlag Schiele & Schön GmbH
www.schiele-schoen.de

SCHIELE & SCHÖN